Bernhard-Dietrich Breloer

Verfilmung, Verfilmungsrecht und Fernsehfilm

Schriftenreihe der UFITA **Heft 44**

Archiv für Urheber-, Film-, Funk- und Theaterrecht
Herausgegeben von Dr. jur. Georg Roeber, München

Verfilmung, Verfilmungsrecht und Fernsehfilm

von

Dr. jur. Bernhard-Dietrich Breloer
Berlin

1973

J. Schweitzer Verlag · Berlin

ISBN 3 8059 0307 3

Satz u. Druck: Sellier GmbH Freising

Printed in Germany.

Inhaltsverzeichnis

Schrifttums- und Abkürzungsverzeichnis

a. a. O.	am angegebenen Ort
Adam	Adam, Robert: Zur Lage der Filmwirtschaft in den USA, FuR 1967/51 ff.
Allfeld, LitUG	Allfeld, Philip: Das Urheberrecht an Werken der Literatur und der Tonkunst, Kommentar zu dem Gesetze vom 19. Juni 1901 sowie zu den internationalen Verträgen zum Schutze des Urheberrechts, 2. Aufl., München 1928.
Allfeld, KunstUG	derselbe: Kommentar zu dem Gesetze vom 9. Januar 1907 betreffend das Urheberrecht an Werken der bildenden Künste und der Photographie, München 1908.
Amtl. Begr.	Amtliche Begründung zum Regierungsentwurf eines Gesetzes über Urheberrecht und verwandte Schutzrechte (Urheberrechtsgesetz)
Andriztki	Andritzki, Christoph: Die Rechtsstellung des Drehbuchautors, Berlin und Leipzig 1931.
Anm.	Anmerkung
Art.	Artikel
Aufl.	Aufl.
Bappert	Bappert, Walter: Wege zum Urheberrecht. Frankfurt 1962.
Bappert-Wagner	Bappert-Wagner: Internationales Urheberrecht. Kommentar zur Revidierten Berner Übereinkunft .... von Walter Bappert und Egon Wagner, München und Berlin 1956.
Barth	Barth Elisabeth: Die Urheberschaft am Film. Diss. jur., Köln 1937.
Baum	Baum, Alfred: Mechanische Musikinstrumente. UFITA Bd. 5 (1932) S. 485 ff.
Bd.	Band
BGB	Bürgerliches Gesetzbuch vom 18. 8. 1896 (RGBl. S. 195 = BGBl III Nr. 400 – 2).
BGBl	Bundesgesetzblatt
Bem.	Bemerkung
Bergner	Bergner, Heinz: Versuch einer Filmwirtschaftslehre. Filmwirtschaftliche Studien aus dem Industrieseminar der Universität zu Köln. Bd. 1/I, Berlin 1962 Bd. 1/IV, Berlin 1966.

Bergström	B e r g s t r ö m, Svante: Bericht über die Arbeiten der Hauptkommission I der Stockholmer Konferenz von 1967, UFITA-Schriftenreihe, Heft 35 (gebunden, 1969) S. 449 ff.
Berthold/v. Hartlieb	Filmrecht. Ein Handbuch von Friedrich Josef B e r t h o l d und Horst v o n H a r t l i e b, München und Berlin 1957.
BGH	Bundesgerichtshof
BGHZ	Entscheidungen des Bundesgerichtshofs in Zivilsachen, zitiert nach Bd. und Seite.
BJustMin Entwürfe	Entwürfe des Bundesjustizministeriums zur Urheberrechtsreform, Köln 1959.
de Boor	d e B o o r, Hans Otto: Urheber- und Verlagsrecht. Ein Beitrag zur Theorie der ausschließlichen Rechte. Stuttgart 1917.
Boytha	B o y t h a, György: Urheberrechtliche Konsequenzen der Abhängigkeit der Übersetzung vom Originalwerk. UFITA Bd. 55 (1970) S. 89 ff.
Brugger	B r u g g e r, Gustav: Zur Abgrenzung zwischen Fernsehnutzungsrechten und Verfilmungsrechten. UFITA Bd. 33 (1961/I) S. 308 ff. d e r s e l b e: Urheberrechtliche Produktionsfragen des Fernsehens. FuR 1966/89 ff. d e r s e l b e: Der Begriff der Bearbeitung und Verfilmung im neuen Urheberrechtsgesetz. UFITA Bd. 51 (1968) S. 89 ff.
Bussmann	B u s s m a n n, Kurt: Änderung und Bearbeitung im Urheberrecht. In: Festschrift für Philipp Möhring zum 65. Geburtstag am 4. 9. 1965, herausgegeben von Prof. Dr. Hefermehl und Prof. Dr. Nipperdey, München und Berlin 1965. d e r s e l b e: Rechtsprobleme bei Film- und Fernsehen. UFITA Bd. 29 (1959/II), S. 158 ff. = UFITA-Schriftenreihe, Heft 15, Aktuelles Filmrecht II (1959) S. 14 ff.
BTDrucks.	Bundestagsdrucksache, zitiert nach Wahlperiode und laufender Nummer.
BTProt.	Protokolle über die Sitzungen des Deutschen Bundestages, zitiert nach laufender Nummer.
Clair	C l a i r, René: Vom Stummfilm zum Tonfilm. Kritische Notizen zur Entwicklungsgeschichte des Film 1920–1950. München und Berlin 1952.
Dadek, Filmwirtschaft	D a d e k, Walter: Die Filmwirtschaft. Grundriß einer Theorie der Filmökonomik. Freiburg 1957.
Dadek, Filmmedium	d e r s e l b e: Das Filmmedium. Zur Begründung einer Allgemeinen Filmtheorie. München und Basel 1968.

Degand	D e g a n d, Claude: Die Auswirkung des Fernsehens auf die Filmsituation. FuR 1966/ff.
Diss. jur., phil.	Dissertation der juristischen, philosophischen Fakultät; der zitierte Erscheinungsort ist der Sitz der Universität.
Dittrich	D i t t r i c h, Robert: Die Stockholmer Fassung der Brüsseler Übereinkunft, InterGU Bd. 40 (1968).
Eckstein	E c k s t e i n, Ernst: Deutsches Film- und Kinorecht. Mannheim, Berlin und Leipzig 1924.
Elster	E l s t e r, Alexander: Urheber- und Erfinderrecht, Warenzeichen- und Wettbewerbsrecht. 2. Aufl., Berlin und Leipzig 1928. d e r s e l b e : Formgebung und Ausdrucksmittel in ihrer Bedeutung für das Recht des Urhebers. UFITA Bd. 2 (1929) S. 595 ff.
engl.	englisch
Fagg	F a g g, John: Urheberschaft und Urheberrecht am Film. Eine kritische Studie. Berlin und Frankfurt/M. 1928.
Filmhandbuch	Filmhandbuch, Neue Ausgabe, Loseblattsammlung, herausgegeben von der Spitzenorganisation der Filmwirtschaft e. V., Berlin und Neuwied.
Fn.	Fußnote
franz.	französisch
Fromm	F r o m m, Friedrich Karl: Filmrechtsregelung des Urheberrechtsgesetzes. UFITA Bd. 48 (1966/III) S. 21 ff.
Fromm-Nordemann	F r o m m, Friedrich Karl und N o r d e m a n n, Wilhelm: Urheberrecht. Kommentar zum Urheberrechtsgesetz und zum Wahrnehmungsgesetz mit den internationalen Abkommen und den Urheberrechtsgesetzen der DDR, Österreichs und der Schweiz. 2. durchgesehene und ergänzte Aufl., Stuttgart, Berlin, Köln und Mainz 1970.
Fromm-Nordemann 1. Aufl.	d i e s e l b e n : Urheberrecht. Kommentar zum Urheberrechtsgesetz und zum Wahrnehmungsgesetz mit den internationalen Abkommen und dem sowjetzonalen Gesetz über das Urheberrecht. 1. Aufl., Stuttgart, Berlin, Köln und Mainz 1966.
FuR	Film und Recht, Informationsdienst des Instituts für Film- und Fernsehrecht, München, zitiert nach Jahr und Seite.
G	Gesetz
GBl.	Gesetzblatt
v. Gamm, FilmR	v o n G a m m, Otto Friedrich: Grundfragen des Filmrechts. Berlin und Köln 1957.
v. Gamm, UG	d e r s e l b e : Urheberrechtsgesetz. Kommentar. München und Berlin 1968.

Goldbaum	Goldbaum, Wendez: Urheber- und Urhebervertragsrecht. 2. Aufl., Berlin 1927. derselbe: Tonfilmrecht. Berlin 1929.
Görgen	Görgen, Hermann M.: Die kulturpolitische Bedeutung der Film- und Fernsehforschung. In: Film- und Fernsehfragen. Vorträge der 3. wissenschaftlichen Tagung der Deutschen Gesellschaft für Film- und Fernsehforschung e. V., Emsdetten 1961, S. 1 ff.
Greco	Greco, Paolo: Die Filmwerke. Ihre Struktur und ihre Stellung im Urheberrecht. UFITA-Schriftenreihe, Heft 10 (1958) S. 23 ff.
Groll	Groll, Gunter: Film, die unentdeckte Kunst. München und Berlin 1937.
GRUR	Gewerblicher Rechtsschutz und Urheberrecht. Zeitschrift der Deutschen Vereinigung für gewerblichen Rechtsschutz und Urheberrecht. Zitiert nach Jahr und Seite.
GRUR AIT	Gewerblicher Rechtsschutz und Urheberrecht. Auslands- und internationaler Teil.
Gutbrod	Gutbrod, Curt Hanno: Von der Filmidee zum Drehbuch. In: Das Manuskript. 2. Aufl., Wilhelmshaven 1960, S. 531 ff.
Haake	Haake, Wilmont: Literatur und Film. In: Film und Fernsehen im Spiegel der Wissenschaft. Abhandlungen anläßlich des 10-jährigen Bestehens der Deutschen Gesellschaft für Film- und Fernsehforschung. Herausgegeben von Erich Feldmann und Ernst Meier. Gütersloh 1963.
Haeger	Haeger, Siegfried: Gedanken zur Entwicklung eines Gesamturheberrechts für Filmwerke, Fernsehwerke, Hörwerke. UFITA Bd. 22 (1956/II) S. 55 ff. derselbe: Der Film als Gesamtwerk. UFITA Bd. 25 (1958/I) S. 166 ff. = UFITA-Schriftenreihe, Heft 9 (1958). derselbe: System und Grundlagen des Filmvertragsrechts. NJW 1959/656 ff.
Hagemann	Hagemann, Walter: Der Film, Wesen und Gestalt. Heidelberg 1952.
Heinker	Heinker, Hans G.: Film und Fernsehen im neuen Urheberrecht. FuR 1966/98 ff.
Hirsch	Hirsch, Ernst E.: Das neue Urheberrechtsgesetz der Türkei. Zugleich ein Beitrag zur Reform des deutschen Urheberrechts. UFITA-Schriftenreihe, Heft 4 (1957). derselbe: Über die Urheberschaft am Filmwerk. UFITA Bd. 25 (1958/I) S. 5 ff. derselbe: Urheberrecht und verwandte Rechte. UFITA-Schriftenreihe, Heft 11 (1958) S. 8 ff. derselbe: Die Werkherrschaft. Ein Beitrag zur Lehre

	von der Natur der Rechte an Geisteswerken. UFITA-Schriftenreihe, Heft 26 (1963) S. 19 ff. derselbe: Bearbeitung und Originalwerk. UFITA Bd. 42 (1964/II) S. 8 ff.
Hoffmann	Hoffmann, Willy: Gedanken zum Problem des urheberrechtlichen Formschutzes. GRUR 1930/747 ff. derselbe: Die Berner Übereinkunft zum Schutze von Werken der Literatur und Kunst vom 9. September 1886, revidiert in Berlin am 13. November 1908 und in Rom am 2. Juni 1928. Berlin 1935.
Hubmann	Hubmann, Heinrich: Urheber-und Verlagsrecht. 2. Aufl., München und Berlin 1966. derselbe: Das Filmrecht des deutschen Regierungsentwurfs. InterGU Bd. 26 (1962) S. 6 ff.
InterGU	Schriftenreihe der Internationalen Gesellschaft für Urheberrecht e. V., Berlin und Frankfurt/M.
Iros	Iros, Ernst: Wesen und Dramaturgie des Filmes. Neue, vom Verfasser bearbeitete Aufl., Zürich 1957.
JW	Juristische Wochenschrift, Berlin und Leipzig. Zitiert nach Jahr und Seite.
KG	Kammergericht
Kohler, Autorrecht	Kohler, Josef: Das Autorrecht. Eine zivilistische Abhandlung. Jena 1880.
Kohler, Kunstwerk und Autorschutz	derselbe: Das literarische und artistische Kunstwerk und sein Autorschutz. Eine juridisch-ästhetische Studie. Mannheim, Berlin und Leipzig 1892.
Kohler, Urheberrecht	derselbe: Das Urheberrecht an Schriftwerken und Verlagsrecht. Stuttgart 1907.
KunstUG	Gesetz betreffend das Urheberrecht an Werken der bildenden Künste und der Photographie vom 9. Januar 1907 (RGBl. S. 7 = BGBl. III 440 – 3).
Kummer	Kummer, Max: Das urheberrechtlich schützbare Werk. Bern 1968.
v. Laban	von Laban, Rudolf: Tanz, Tanzschrift und Urheberrecht. UFITA Bd. 2 (1929) S. 631 ff.
Leinveber	Leinveber, Gerhard: Urheberschutz des Regisseurs. GRUR 1971/149 f.
Liebeneiner	Liebeneiner, Wolfgang: Spielleiter und Dichter. In: Müller (s. u.) S. 9 ff.
Lion	Lion, E.: Der Schutz gegen die sogenannte Verfilmung von Schriftwerken. GRUR 1927/218 ff.
Marwitz-Möhring	Das Urheberrecht an Werken der Literatur in Deutschland. Kommentar zum Reichsgesetz vom 19. Juni 1901/

	22. Mai 1910 und den internationalen Verträgen Deutschlands. Von Bruno Marwitz und Philipp Möhring, Berlin 1929.
Mentha	Mentha, Benigne: Film und Fernsehen in der Berner Übereinkunft. UFITA-Schriftenreihe, Heft 22 (1961) S. 27 ff.
MinE	Ministerialentwurf eines Gesetzes über Urhebrerecht und verwandte Schutzrechte (Urheberrechtsgesetz). In: BJust Min Entwürfe (s. o.).
Möhring-Nicolini	Urheberrechtsgesetz. Erläutert von Philipp Möhring und Käte Nicolini, unter Mitwirkung von Otto Arzt und Hermann Kroitzsch, Berlin und Frankfurt/M. 1970.
Möhring-Schulze-Ulmer-Zweigert	Quellen des Urheberrechts. Gesetzestext aller Länder und Tabellen über internationale Verträge. Mit systematischen Einführungen. Herausgegeben von Philipp Möhring, Erich Schulze, Eugen Ulmer und Konrad Zweigert. Stand: 6. Lieferung 31. 8. 1970.
mschr. vervielf.	maschinenschriftlich vervielfältigt
Müller	Müller, Gottfried: Dramaturgie des Theaters, des Hörspiels und des Films. Mit einem Beitrag von Wolfgang Liebeneiner. 6. erweiterte und verbesserte Aufl., Würzburg 1954.
Nehmiz	Nehmiz, Marielouise: Geistige Schöpfung und Tonfilmproblem. Eine Untersuchung auf Grund der deutschen und schweizerischen Gesetzgebungen und des Rechts der Berner Übereinkunft. Diss. jur., Zürich 1935 (mschr. vervielf.).
NJW	Neue Juristische Wochenschrift, München und Berlin, zitiert nach Jahr und Seite.
Oekonomidis	Oekonomidis, Demetrius S.: Zur Regelung des Filmrechts. In: Das Stockholmer Vertragswerk zum Internationalen Urheberrecht, UFITA-Schriftenreihe, Heft 35 (1969), S. 135 ff.
Peter	Peter, Wilhelm: Zur Abgrenzung zwischen Fernsehsende- und Verfilmungsrechten, UFITA Bd. 34 (1961/II) S. 141 ff.
RBÜ	Revidierte Berner Übereinkunft zum Schutze von Werken der Literatur und Kunst vom 9. September 1886, revidiert in Berlin am 13. November 1908, in Rom am 2. Juni 1928, in Brüssel am 26. Juni 1948 und in Stockholm am 17. Juli 1967.
Rdz.	Randziffer
RefE	Referentenentwurf eines Urheberrechtsgesetzes. In: Referentenentwürfe zur Urheberrechtsreform, veröffentlicht durch das Bundesjustizministerium, Bundesanzeiger, Köln 1954.

RGBl.	Reichsgesetzblatt.
RGZ	Entscheidungen des Reichsgerichts in Zivilsachen, zitiert nach Bd. und Seite.
Riedel	R i e d e l, H.: Die musikalische Bearbeitung. UFITA Bd. 55 (1970) S. 169 ff.
Rehbinder	R e h b i n d e r, Manfred: Das Recht am Arbeitsergebnis. ZSR 1972, S. 1 ff.
Roeber	R o e b e r, Georg: Das Filmrecht und seine Reformbedürftigkeit. Berlin 1933. d e r s e l b e : Zum Rechtsbegriff „Filmschaffender". UFITA Bd. 16 (1942–44) S. 386 ff. d e r s e l b e : Der Film im neuen Urheberrecht. FuR 1965/223 ff.
Rspr.	Rechtsprechung
Runge	R u n g e, Kurt: Urheber- und Verlagsrecht. Bonn 1948–53.
S.	Seite
Samson	S a m s o n, Benvenuto: Das neue Urheberrecht, UFITA-Schriftenreihe, Heft 32 (1966).
Schilling	S c h i l l i n g, Ernst B.: Grundfragen des Tonfilmrechts für Zwangsvollstreckung, Vergleich und Konkurs. Diss. jur., Berlin 1933.
Schmidt	S c h m i d t, Hannes: Zur Eigengesetzlichkeit epischer und filmischer Gestaltung. In: Film- und Fernsehfragen. Vorträge der 3. wissenschaftlichen Tagung der Deutschen Gesellschaft für Film- und Fernsehforschung e. V., Emsdetten/Westf. 1961.
Schulze	S c h u l z e, Erich: Kommentar zum deutschen Urheberrecht, Loseblattsammlung, Stand: 3. Lieferung, 28. Februar 1969, Berlin und Frankfurt/M. d e r s e l b e : Stockholmer Konferenz für geistiges Eigentum 1967. InterGU Bd. 39 (1969).
Schulze Rspr.	Rechtsprechung zum Urheberrecht. Entscheidungssammlung mit Anmerkungen, herausgegeben von Erich S c h u l z e, München und Berlin. Stand: Oktober 1970.
SchwBG	Schweizerisches Bundesgericht
Siemek	S i e m e k, Hermann: Der Film als kultursoziologisches Phänomen, seine Physiognomie und seine Wirkung in der Gesellschaft. Diss. phil., Heidelberg 1953. (mschr. vervielf.).
Spaić	S p a i ć, V o g i s l a v: Das Urheberrecht und der Film, InterGU Bd. 26 (1962) S. 32 ff.
s. o.	siehe oben
s. u.	siehe unten

Streicher	Streicher, Otto: Grundfragen des Urheberrechts am Filmwerk. Zürich 1950.
Sutermeister	Sutermeister, Peter: Das Urheberrecht am Film. Basel 1955.
Troller	Troller, Alois: Immaterialgüterrecht (Patent-, Marken-, Urheber-, Muster- und Modell-, Wettbewerbsrecht). Bd. I, 2. überarbeitete und erweiterte Auflage, Basel und Stuttgart 1968. Bd. II, Basel und Stuttgart 1962.
UFITA	von 1928 bis 1945: Archiv für Urheber-, Film- und Theaterrecht, Berlin; ab 1954: Archiv für Urheber-, Film-, Funk- und Theaterrecht, Baden-Baden; ab Bd. 51 (1968): München.
UFITA-Schriftenreihe	Archiv für Urheber-, Film-, Funk- und Theaterrecht, Schriftenreihe, Baden-Baden.
Ulmer	Ulmer, Eugen: Kinematographie und Urheberrecht. GRUR AIT 1953/182 ff. derselbe: Zum Filmrecht des Entwurfs. GRUR 1954/493 ff. derselbe: Grundfragen des Filmrechts. GRUR 1955/518 ff. derselbe: Vom deutschen Urheberrecht und seiner Entwicklung. UFITA Bd. 26 (1958/II) S. 257 ff. derselbe: Urheber- und Verlagsrecht. 2. Aufl., Berlin, Göttingen und, Heidelberg 1960. derselbe: Die Urheberrechtsreform im Lichte der internationalen Rechtsentwicklung. In: Die Urheberrechtsreform. Herausgegeben im Auftrage der Deutschen Studiengesellschaft für Publizistik von Martin Löffler, Schriftenreihe der Deutschen Studiengesellschaft für Publizistik, Bd. 5, München und Berlin 1963. derselbe: Originalwerk und Bearbeitung im Internationalen Urheberrecht. Festschrift für Walter Bappert: Das Recht am Geistesgut. Studien zum Urheber-, Verlags-, und Presserecht, herausgegeben von Fritz Hodeige, Freiburg i. Br. 1964, S. 283 ff. derselbe: Das Urheberrechtsgesetz in den Plänen zur Reform der Berner Übereinkunft. Festschrift für Walter Hallstein: Probleme des Europäischen Rechts. Frankfurt 1966, S. 541 ff. derselbe: Reimer/Ulmer: Die Reform der materiellrechtlichen Bestimmungen der Berner Übereinkunft, GRUR AIT. 1967/431 ff. derselbe: Die Filmrechtsregelung in der Stockholmer Fassung der Berner Übereinkunft. FuR 1968/95 ff.
UG	Gesetz über Urheberrecht und verwandte Schutzrechte (Urheberrechtsgesetz) vom 9. September 1965 (BGBl. I S. 1273); letzte Änderung durch Art. 56 des G vom 25. Juni 1969 (BGBl. I S. 645).

Urt.	Urteil
Voigtländer-Elster-Kleine	Urheberrecht an den Werken der Literatur und der Tonkunst sowie an Werken der bildenden Kunst und der Photographie. Kommentar von Robert Voigtländer und Alexander Elster, 4. neubearb. Aufl. von Hans Kleine, Berlin 1952.
Werhahn	Werhahn, Jürgen Wolfgang: Der Schöpfer des Filmwerks. Diss. jur., Berlin 1951. derselbe: Zur Rechtsstellung des Filmregisseurs. UFITA Bd. 19 (1955/I) S. 191 ff. derselbe: Streitfragen der Filmurheberschaft. UFITA Bd. 22 (1956/II) S. 42 ff.
Wietek	Wietek, S. M.: Der urheberrechtliche Schutz der Film- und Fernsehwerke (oevres audiovisuelles) in Frankreich und in der Bundesrepublik Deutschland, UFITA Bd. 49 (1967/I) S. 54 ff.
Wipf	Wipf, Rudolf: Die Stellung des Filmregisseurs im Urheberrecht. Zürich 1966.
Wolff-Raiser	Sachenrecht. 10. Bearbeitung, von Martin Wolff und Ludwig Raiser, Tübingen 1957.
v. Zelewski	von Zelewski, Armand: Das Urheberrecht auf dem Gebiet der Filmkunst. Emsdetten/Westf. 1935.
ZSR	Zeitschrift für Schweizerisches Recht, zitiert nach Jahr und Seite.

Einleitung

Das Filmrecht hat sich innerhalb der deutschen Urheberschutzgesetze von je her wie ein Fremdkörper ausgenommen. Dafür mag es verschiedene Gründe geben. Einer davon ist entwicklungsgeschichtlich bedingt. Bei Erlaß des Literaturheberrgesetzes (LitUG) vom 19. Juni 1901 und des Kunsturhebergesetzes (KunstUG) vom 9. Januar 1907 waren Filmwerke im heutigen Sinne so gut wie unbekannt. Die Gesetze wurden abgestellt auf Werke der Literatur, der Bühnenkunst, der bildenden Kunst und der Musik[1]. Erst durch Artikel 14 der Revidierten Berner Übereinkunft (RBÜ) in der Berliner Fassung vom 13. November 1908 fand der Film nachträglich eine – allerdings unzureichende – Berücksichtigung. Artikel 14 RBÜ, der Richtlinien für die nationale Gesetzgebung aufstellte, führte zu einer Erweiterung der §§ 12, 14 LUG. Danach erstreckten sich nunmehr die ausschließlichen Befugnisse des Urhebers auch auf die Benutzung seines Schriftwerkes zu einer bildlichen Darstellung, die das Originalwerk seinem Inhalt nach im Wege der Kinematographie wiedergab. Der neu eingefügte § 15 KunstUG erklärte ein Erzeugnis der Kinmatographie für ein Werk, wenn es wegen der Anordnung des Bühnenvorganges oder der Verbindung der dargestellten Begebenheiten als eine eigentümliche Schöpfung anzusehen sei. Über das Wesen des Filmwerks in rechtlicher Hinsicht, namentlich in seinem Verhältnis zum wiedergegebenen literarischen Werk, sagten die neu eingefügten Bestimmungen nichts[2]. Daran hat sich in der nachfolgenden Zeit wenig geändert. Die Verfasser des Urheberrechtsgesetzes vom 9. September 1965 hätten die Möglichkeit gehabt, das Filmrecht in den allgemeinen Teil des Urheberrechts einzubeziehen und weiter auszugestalten. Im Ministerialentwurf von 1959 war beispielsweise angeregt worden, dem Urheber neben seiner Befugnis zur Vervielfältigung und Bearbeitung ein eigenes Verfilmungsrecht zuzuerkennen[3]. Allein, im Gegensatz zur RBÜ in der Brüsseler und Stockholmer Fassung und zahlreichen ausländischen Urhebergesetzen, beispielsweise in Schweden, Norwegen, der Schweiz, Griechenland usw. hat sich das deutsche Urheberrechtsgesetz darauf beschränkt, die Filmwerke in den Katalog selbständiger Werkgattungen aufzunehmen und am Rande, ohne erkennbare innere Beziehung zu den allgemeinen Bestimmungen

[1] Eckstein, 1924, S. 1.
[2] Eckstein, S. 2.
[3] vgl. § 15 MinE.

des Urheberrechts, einige Auslegungsregeln für Verfilmungsverträge aufzustellen.

Die Ursache dieser mangelnden Integration liegt in der Grundeinstellung des Gesetzgebers zum urheberrechtlich geschützten Werk, die sich seit Erlaß des LitUG und des KunstUG nicht geändert hat. § 2 Abs. 2 UG geht wie die früheren Urheberschutzgesetze von dem Grundsatz der persönlichen geistigen Schöpfung des Urheber aus und bestätigt damit den klassischen Werkbegriff. Das geltende Recht ist im Prinzip auf das von einer Einzelperson geschaffene Werk abgestellt. Der Dichter, Bildhauer, Maler, Komponist, Baumeister und Zeichner sind Vertreter dieser persönlichen Schaffenssphäre. Nun läßt sich aber nicht leugnen, daß die Verwendung von Licht- und Schallwellen zur Verbreitung von Geisteserzeugnissen und die wirtschaftliche Vertwertung der hierdurch gegebenen Möglichkeiten durch Film und Fernsehen die technischen Grundlagen völlig verschoben haben, auf denen die bisherigen Urhebergesetze ruhten[4]. Mit der Anerkennung des Films als Kunstwerk ist eine neue, kollektive Schaffensmöglichkeit zu Tage getreten, die mit Hilfe technischer Mittel Werke verschiedener Kunstgattungen und Darstellungen verschiedener Künstler fixiert und dem Publikum sichtbar macht[5]. Der Spielfilm weist als Gesamtwerk und als unlösbare Verknüpfung von Leistungen des Geistes und der Phantasie mit höchstpersönlicher Spiel- und Ausdrucksgabe und mit Leistungen ganz elementarer Art und erheblicher materieller Mittel Eigenschaften auf, die sich bei anderen Geistes- und Kunstwerken nicht finden. Ein Filmwerk bildet ein untrennbare Einheit, die sich nicht in Einzelteile zerlegen läßt[6]. Er ist, wie bereits *Willy Hoffmann* feststellte, eine „Verbundenheit von akustischen und optischen Vorgängen zur uno-actu-Wiedergabe"[7]. Diese Sondererscheinung oder neuzeitliche Schaffensform gilt es rechtlich zu erfassen, indem man sie entweder in breite, allgemeine Hauptregeln einordnet, oder — was mitunter einfacher und sicherer ist — dem neuen Tatbestand eine Spezialbestimmung zuordnet[8].

---

[4] Hirsch, Ernst E. in UFITA-Schriftenreihe, Heft 26, S. 19 ff., 34.

[5] Haeger in UFITA Bd. 22 (1956/II), S. 55 ff., 56 f.;
Hirsch, Ernst E. in UFITA Bd. 25 (1958/I), S. 5 ff., 9;
Oekonomidis in UFITA-Schriftenreihe, Heft 35, S. 135 ff., 156.

[6] Fromm-Nordemann, Anm. 15 zu § 12;
Hirsch Ernst E. in UFITA-Schriftenreihe, Heft 4, S. 41;
RGZ 107, 62 ff., 65;
BGHZ 9, 262 ff., 268.

[7] Hoffmann, 1935, S. 220 f.

[8] Mentha in UFITA-Schriftenreihe Heft 22, S. 27 ff., 33 f.

Eine weitere Besonderheit kommt hinzu. Der Film liegt auf einer anderen Ebene als literarische und sonstige künstlerische Schöpfungen; er ist ein Werk auf der Stufe der Realisation. Anders als Werke, bei denen die Ausführung und die Aufnahme auf Bild- und Tonträgern der Vollendung des Werkes nachfolgen, ist der Film erst vollendet, wenn aufgrund der Darstellung, der Aufnahme und des Schnittes dem Bild- und Tonstreifen die endgültige, zur Vorführung bestimmte Form gegeben ist. Die Sphäre der Schöpfung verbindet sich beim Film mit den Bereichen der Darstellung und der Aufnahme[9].

Schließlich ist eine weitere Eigentümlichkeit der Filmwerke nicht zu übersehen. In den meisten Fällen werden Spielfilme nach vorbestehenden, in aller Regel selbständigen literarischen Werken gedreht[10]. Bei der Verfilmung von Romanen, Bühnenstücken, Novellen usw. ist die abstrakte „Wortsprache" in die gegenständliche „Bildsprache" umzusetzen. Es ist eine Kombination ungleicher Ausdrucksmittel vorzunehmen[11]. Mehr noch, es findet eine Umwandlung des Einzelwerkes in ein Gesamtwerk statt. Dieser Vorgang wird von den herkömmlichen Begriffen wie Vervielfältigung und Bearbeitung unzureichend erfaßt. Die Umgestaltung in ein neues Medium, in eine fremde Werkgattung mit den Ausdrucksmitteln eines Massenkunstwerks[12] weist keine Parallelen zu den herkömmlichen abhängigen Werkschöpfungen auf.

Wollten die Verfasser des Urheberrechtsgesetzes einerseits dieser unterschiedlichen neuen Kunstgattung Werkeigenschaft zubilligen, auf der anderen Seite aber an dem herkömmlichen Werkbegriff festhalten, mußten sie zwangsläufig in Schwierigkeiten geraten. Diese meinten sie umgehen zu können, indem sie das Filmrecht in dafür nicht vorgesehene Formen, in ein „Prokrustesbett" *(Ulmer)* zu pressen versuchten. Gegenstand der nachfolgenden Betrachtung soll es sein, Tatbestände des Filmrechts unter Berücksichtigung des veränderten Werkbegriffes in die allgemeinen Vorstellungen des Urheberrechts einzuordnen. Es geht um die Fragen, wie der Verfilmungsvorgang, die rechtliche Stellung des Autors vorbestehender Werke und sein Verhältnis zum Filmwerk urheberrechtlich zu bewerten sind. Dabei wird auf den Unterschied zwischen Kinofilm und Fernsehfilm zu achten sein.

---

[9] Ulmer in GRUR 1954, 493 ff., 495 f.

[10] Möhring-Nicolini, UG, 1970, Anm. 2 zu § 88.

[11] Kummer, 1968, S. 165.

[12] Dadek, Filmmedium, 1968, S. 9; Haake, 1963, S. 123.

Teil I: Die Verfilmung vorbestehender Werke

§ 23 UG bezeichnet die Verfilmung eines vorbestehenden literarischen oder sonstigen Werkes als eine Bearbeitung oder sonstige Umgestaltung. § 88 Abs. 1 Nr. 1 UG sieht die Herstellung eines Filmwerkes in der Benutzung eines vorbestehenden Werkes in unveränderter, bearbeiteter oder umgestalteter Form. Das Gesetz drückt sich hier unbestimmter aus, indem es von einer Benutzung des unveränderten oder bearbeiteten Werkes spricht. Danach könnte die Bearbeitung oder sonstige Umgestaltung auch vor der Filmherstellung liegen, diese selbst aber etwas anderes als eine Bearbeitung sein. Andernfalls hätte § 88 wesentlich kürzer und prägnanter sagen können, der Produzent erhalte das Recht, ein Werk zu einem Filmwerk zu bearbeiten. Wenn dies nicht geschehen ist, so spricht einiges dafür, daß die Verfasser des UG sich insoweit nicht haben festlegen wollen.

Von einer bloßen Bearbeitung zu sprechen, wäre allerdings eine rigorose Vereinfachung, die den vielfältigen und komplizierten Arbeitsgängen etwa vom Roman bis zum fertigen Spielfilm nicht gerecht würde. Zur Herstellung eines Filmwerks bedarf es mehrerer Entwicklungsstufen, die – jede für sich – eine besondere geistige Leistung darstellen und für die Filmschöpfung im allgemeinen unentbehrlich sind. Am Anfang steht idR. das Exposé, in welchem der dem vorbestehenden Werk zu entnehmende Filmstoff in großen Zügen konzipiert ist. Auf der Grundlage des Exposés entsteht, in Ausrichtung des literarischen Stoffes auf eine bildliche Erscheinungsform, das Treatment, das schon eine ausführliche Darstellung des künftigen Filminhalts bietet. Das Treatment gibt bereits die spezifisch filmische Anlage des Werks wieder, es wird auch als Filmdichtung bezeichnet. Als Zusammenfassung dieser Vorarbeiten und zugleich als Einleitung der Filmherstellung entsteht das Drehbuch. Die Praxis unterscheidet Roh- und kurbelfertige Drehbücher. Das kurbelfertige Drehbuch gliedert sich in Bilder (Schauplätze), die in einigen großen Komplexen zusammengefaßt werden. Es enthält den Wortlaut der Dialoge und eine Fülle technischer Angaben, darunter die genauen Anweisungen für die Regie und den technischen Stab hinsichtlich Beleuchtung, Kameraeinstellung und Akustik. Nach dem Drehbuch errichtet der Filmarchitekt die Bauten, schneidet der Cutter, stellt der Kameramann ein, lernen die Schauspieler, inszeniert der Regisseur, disponiert der Aufnahmeleiter, erstellt der Produktionsleiter seine Kalkulation und zieht die Werbeleitung ihre Propaganda auf[13]. Danach beginnen die eigentlichen Dreharbeiten, bei denen Regisseur, Kameramann und Schauspieler als Hauptbeteiligte in Erscheinung treten. Filmkomponist und Cutter vollenden nachträglich die Filmschöpfung und runden das Ergebnis ab.

Dieser grobe Überblick über die Filmherstellung mag zunächst genügen, um zu verdeutlichen, daß man den Gesamtvorgang nicht global als Bearbeitung bezeichnen kann. Dem hat sich das neuere Schrifttum nicht verschlossen. *Berthold/von Hartlieb* sprechen differenzierter vom Drehbuch als Endstufe der literarischen Vorbereitung[14], die in Form einer Bearbeitung in die optische Sprache des Filmwerks umgesetzt werde[15]. Noch klarer drücken sich *von Gamm, Streicher, Bergner* und der *Bundesgerichtshof* aus, welche die Entwicklungsreihe vorbestehendes Werk-Exposé-Treatment-Drehbuch-Spielfilm als eine Kette von Bearbeitungen bezeichnen[16]. Ebenso sehen *Runge, Sutermeister, Fromm* und das *Kammergericht* bereits in der Herstellung des Treatments und des Drehbuches eine Bearbeitung des vorbestehenden Werkes und in der Umsetzung in den Film eine weitere Bearbeitung, so daß nach ihrer Vorstellung zumindest eine Doppelbearbeitung vorliegt[17]. Andere Stimmen in Lehre und Judikatur sprechen von einer Bearbeitung nur, wenn sie das Entwicklungsstadium Drehbuch – Film meinen[18], räumen also ein, daß dieser Umgestaltung eine oder mehrere Stufen vorausgehen.

Wird aber der differenziertere Begriff der mehrfachen Bearbeitung oder Bearbeitungskette dem Vorgang der Verfilmung schon gerecht? Allge-

---

[13] D a d e k, Filmwirtschaft, S. 23 ff., 25.
[14] B e r t h o l d / von H a r t l i e b, 1957, S. 29.
[15] B e r t h o l d / von H a r t l i e b, S. 32, 34.
[16] B e r g n e r, 1962, Bd. 1/I, S. 60;
von G a m m, UG, 1968, Rdz. 8 zu § 2, Rdz. 8 zu § 3;
S t r e i c h e r, 1950, S. 76 ff.;
BGH in GRUR 1963, 40 ff., 42 = UFITA Bd. 38 (1962/III), S. 304 ff.;
BGH in UFITA Bd. 39 (1963/I), 267 ff., 273.
[17] F r o m m in UFITA Bd. 48 (1966/III), S. 121 ff., 124;
R u n g e, 1949–53, S. 85;
S u t e r m e i s t e r, 1955, S. 51;
KG, Urt. v. 31. 1. 1956 – 5 U 1512/55 –.
[18] B r u g g e r in UFITA Bd. 51 (1968), S. 89 ff., 101 f.;
F a g g, 1928, S. 12 ff.;
W e r h a h n, 1951, S. 39;
RGZ 107, 62 ff., 65, 66;
RGZ 140, 231 ff., 242 f.;
BGH in Schulze Rspr. BGHZ 38, 1 ff., 11, 18.

mein beginnt man zu erkennen, daß sich das Filmwerk in die überkommenen Vorstellungen des Urheberrechts nur teilweise einordnen läßt. Zutreffend stellt *Haeger* fest, daß bis zur Geburt des Films die Schaffung eines Werks sich in der Sphäre des einzelnen geistigen Schöpfers vollzogen habe, während nunmehr eine neue, kollektive Schöpfungsmöglichkeit entstanden sei. Alle Bemühungen von Wissenschaft und Rechtsprechung, diese neue Werkart in die klassischen Begriffe des Urheberrechts einzufügen, hätten ergebnislos bleiben müssen, da diese Werke auf anderen als den bisher bekannten Grundsätzen beruhten[19]. Nach allgemeiner Ansicht ist das Filmwerk das Ergebnis einer Vielzahl qualifizierter Leistungen der geistig-künstlerischen, technischen, organisatorischen und wirtschaftlichen planenden und ausführenden Kräfte. Es ist ein Gesamtwerk, ein organisches Ganzes, dessen Elemente nicht willkürlich voneinander getrennt werden können[20]. Das Urheberrecht am Film ist nicht die Summe der Urheberrechte an seinen Teilen, sondern ein aliud, ein neu entstehendes Recht an einem neu entstehenden Werk[21].

Es kann also durchaus zweifelhaft sein, ob die Verfilmung eines vorbestehenden Werkes überhaupt eine Bearbeitung oder eine Kette von Bearbeitungen im herkömmlichen Sinne ist. Schon das Reichsgericht hat in einer Entscheidung vom 16. Juni 1923[22] die Auffassung vertreten, die Reihenfolge und Verbindung, Ausgestaltung und Glaubhaftmachung der einzelnen Filmszenen seien in der Filmschrift nur im Keim enthalten. Erst bei der Filmaufnahme ergebe sich das, was sich als Erfordernis für einen guten Film darstelle. Die Filmschrift sei in einem gewissen Sinne unfertig. Ähnliches meint der Bundesgerichtshof, wenn er in einer

---

[19] Haeger in UFITA Bd. 22 (1956/II), S. 55 ff., 56, 62.
[20] Bergner, Bd. 1/I, S. 53;
Dadek, Filmwirtschaft, S. 36;
Fromm-Nordemann, UG, Bm. 15 zu § 2;
von Gamm, UG, Rdz. 23 zu § 2, Rdz. 3 zu § 89;
Hoffmann, S. 219;
Iros, 1957, S. 74;
Roeber, 1933, S. 57;
Troeller, Bd. II, 1962, S. 702;
Ulmer in GRUR 1955, 518 ff., 520;
Werhahn, a. a. O., S. 39, 40;
BGHZ 9, 262 ff., 268;
SchwBG, Urt. v. 12. 12. 1933 in UFITA Bd. 7 (1934), S. 324.
[21] Baum in UFITA Bd. 5 (1932), S. 485 ff., 486.
Mentha in UFITA-Schriftenreihe Heft 22, S. 27 ff., 31 f.;
Ulmer, 1960, § 26 IV.
[22] RGZ 107, 62 ff., 65.

Entscheidung vom 21. April 1953[23] ausführt, die Schaffung der inneren Form des Filmwerkes bestehe darin, daß der Gedankeninhalt durch gestellte Bilder geformt werde, was besonders in der Wahl der Darsteller, deren Ausdrucksmitteln und deren gelenktem Zusammenspiel eine Vielfalt abweichender Möglichkeiten der Formgebung eröffne. Hier wird bereits erkennbar, daß die Rechtsprechung mit der Verfilmung ein völlig neues, anders geartetes Werk entstehen sah und die Umwandlung eines vorbestehenden literarischen Werkes für mehr als eine bloße Bearbeitung hielt. Die neuere Lehre und Rechtsprechung hat die Unvollkommenheit des Begriffes Bearbeitung erkannt und bezeichnet die Verfilmung als eine „Bearbeitung eigener Art"[24]. Ob jedoch dieser modifizierte Begriff der Bearbeitung das Wesen der Verfilmung wirklich erfaßt, kann zweifelhaft sein[25].

---

[23] BGHZ 9, 264 ff., 268.

[24] Haeger, a. a. O., S. 62.
Werhahn, a. a. O., S. 39 f.;
ders. in UFITA Bd. 22 (1956/II), S. 42 ff., 48;
Wipf, 1966, S. 48, Fn. 14;
BGHZ 26, 52 ff., 55 = UFITA Bd. 25 (1958/I), S. 337 ff.;
BGHZ 27, 90 ff., 96 = UFITA Bd. 26 (1958/II), S. 90 ff.

[25] von Gamm, UG, Rdz. 4 zu § 88.

A. Der Begriff der Bearbeitung

Bevor man sich der Frage zuwendet, ob das geltende Recht den Begriff der Verfilmung richtig eingeordnet hat, ist klarzustellen, was im Urheberrecht unter einer Bearbeitung verstanden wird. Das Gesetz selbst gibt dafür wenig her. § 3 UG stellt die Bearbeitung, wenn sie die persönliche geistige Schöpfung des Bearbeiters ist, einem selbständigen Werk gleich. Die Bearbeitung hat demnach, urheberrechtlich betrachtet, ein doppeltes Gesicht[26]. Als literarisches oder künstlerisches Gebilde ist sie ein selbständig geschütztes Kunstwerk. Daneben sind die Rechte des Urhebers des Originalwerks, das der Bearbeiter benutzt hat, mit im Spiel; jener kann die Wiedergabe seines Werkes in bearbeiteter Form untersagen. Über die Bearbeitung als Vorgang, als urheberrechtliche Nutzungsform, enthält § 3 nichts. Nach § 23 UG ist die Bearbeitung ein Unterfall einer Umgestaltung. Was aber eine Umgestaltung sei, erklärt das Gesetz weder hier noch an anderer Stelle. Eine Definition der Bearbeitung im urheberrechtlichen Sinne ist auch in der Lehre oder Rechtsprechung bisher nicht unternommen worden[27].

I. Der Bearbeitungsbegriff der Amtlichen Begründung

Über das Wesen der Bearbeitung gibt in erster Linie die Amtliche Begründung zu § 23 des Regierungsentwurfs von 1962 Auskunft[28], die insoweit die Erläuternden Bemerkungen zu dem Ministerialentwurf von 1959[29] wörtlich übernommen hat. Danach verfolgen Bearbeitungen im eigentlichen Sinne stets den Zweck, das Originalwerk bestimmten Verhältnissen anzupassen, es beispielsweise in eine andere Sprache oder in eine andere Kunstform zu übertragen oder es für andere Ausdrucksmittel einzurichten. Der Bearbeiter wolle hierbei die Identität des Originalwerkes unberührt lassen und nur dessen Verwertungsmöglichkeiten erweitern.

1. Die Erhaltung der Substanz vorbestehender Werke

Mit der Amtlichen Begründung ist davon auszugehen, daß in der Bearbeitung die Identität des vorbestehenden Werks unberührt bleibt. Die

[26] Ulmer, § 27 I 1.
[27] Riedel in UFITA Bd. 55 (1970), S. 169 ff., 177 f.
[28] BTDrucks. IV/270, S. 51.
[29] BJustMin., Entwürfe, 1959, S. 37.

wesentlichen Züge des benutzten Werks, sein Kern, müssen in dem neuen Werk wiederkehren[30]. Zutreffend stellt die Amtliche Begründung weiterhin fest, daß bei einer Bearbeitung das vorbestehende Werk bestimmten Verhältnissen angepaßt werde, wie das bei einer Übersetzung der Fall sei. *Brugger* erklärt in diesem Zusammenhange, eine Bearbeitung verlange begrifflich, daß an dem Originalwerk irgendwelche Veränderungen wie beispielsweise eine Dramatisierung oder Übersetzung vorgenommen würden, die ihm einen anderen Ausdruck oder eine andere Form verliehen[31]. Bildlich hat es *Ulmer* für den Fall der Übersetzung, aber mittelbar für jede Form der Bearbeitung folgendermaßen ausgedrückt: Gegenstand des Urheberrechts des Bearbeiters sei das neue Gewand, das er schaffe, nicht dagegen der Körper, den er mit diesem Gewand bekleide[32].

Zutreffend ist ferner die Auffassung der Amtlichen Begründung, die Bearbeitung eines Werkes könne darin bestehen, daß es für andere Ausdrucksmittel eingerichtet werde. Dieser Gedanke schließt sich folgerichtig an die beiden vorgenannten Merkmale einer Bearbeitung an. Bleibt die Identität des vorbestehenden Werkes unberührt, wird es nur bestimmten Verhältnissen angepaßt, so kann die Veränderung nicht in seiner Substanz, in seinem inneren Wesen, sondern lediglich in seinem Ausdruck, in der Form seiner Mitteilung an die Außenwelt erfolgen.

2. Die Übertragung in eine andere Kunstform

Zweifelhaft könnte jedoch die von der Amtlichen Begründung vertretene Ansicht sein, eine Bearbeitung sei auch die Übertragung in eine andere Kunstform. Es ist nicht klar erkennbar, was die Amtliche Begründung unter einer anderen Kunstform versteht. Ist eine andere Werkgattung gemeint, so bestehen schwerwiegende Bedenken. Die Umwandlung eines vorbestehenden Werkes in eine andere Werkgattung, etwa eines literarischen in ein musikalisches Werk, erfordert so grundlegende Veränderungen, daß die Identität des benutzten Werks beeinträchtigt wird, also gerade das, was nach der Vorstellung der Amtlichen Begründung bei einer Bearbeitung erhalten bleiben soll. Anscheinend geht die Amtliche Begründung aber von einer Übertragung in eine andere Form innerhalb der gleichen Werkgattung aus, wie sich aus dem Sachzusammenhang, insbesondere aus der Gleichstellung mit einer Über-

---

[30] Berthold/von Hartlieb, S. 34.
[31] Brugger in UFITA Bd. 51 (1968), S. 92.
[32] Ulmer, Festschrift für Bappert, 1964, S. 283 ff., 288.

setzung ergibt. Zu denken wäre beispielsweise an die Dramatisierung eines epischen Werkes. In Fällen dieser Art kann durchaus eine Bearbeitung vorliegen.

II. Der Abstand der Bearbeitung zum vorbestehenden Werk

Mit dem, was die Amtliche Begründung sagt, ist aber der Begriff einer Bearbeitung noch nicht hinreichend gekennzeichnet. Es fehlt eine Abgrenzung zur freien Benutzung. Im Gegensatz zur Vervielfältigung erfordert die Bearbeitung nach § 3 UG neben der Nutzung des vorbestehenden Werkes eine persönliche geistige Leistung des Bearbeiters. Das Gesetz sagt aber nicht, wie weit der Bearbeiter das Werk verändern kann, ohne den Rahmen einer Bearbeitung zu verlassen. Zur Beantwortung dieser Frage ist das Werk, soweit dies theoretisch möglich ist, in seine Bestandteile zu zerlegen.

1. Die innere und äußere Form eines Werkes

Seit *Kohler* unterscheidet die Lehre zwischen der inneren und der äußeren Form eines Werkes[33]. Die äußere Form besteht nach *Kohler* in der geschickten und kenntnisreichen Anwendung der jeweiligen Stilmittel. Bei einem literarischen Werk sei es die sprachliche Form, eine geschickte Benutzung des Satzbaus, ein reicher Schatz von Worten, Ausdrücken und Wendungen, am richtigen Orte angebracht. In der Malerei beruhe die äußere Form in der Geschicklichkeit der Farbenmischung und der

[33] Kohler, Autorrecht, 1880, S. 168 f.;
de Boor, 1917, S. 84 f.;
Allfeld, LitUG, 1928, Anm. 5 b zu § 12;
Marwitz-Möhring, 1929, S. 141;
Elster in UFITA Bd. 2 (1929), S. 595 ff., 603;
Barth, 1937, S. 28 f.;
de Sanctis in Schulze Rspr. Bd. 8, Ausl. Ital. 1;
Ulmer, § 20;
Streicher, 1950, S. 94;
Bappert, 1962, S. 292 ff., 294;
Bappert-Wagner, 1956, Rdn. 7 zu Art. 4 RBÜ;
von Gamm, FilmR, 1957, S. 2 f.;
Troller, Bd. I, 1968, S. 430 ff., 512;
Mentha in UFITA-Schriftenreihe Heft 22 (1961), S. 27 ff., 32 f.;
Hirsch, Ernst E. in UFITA Bd. 42 (1964/II), S. 8 ff., 37;
Hubmann, 1966, S. 31 f.;
Kummer, 1968, S. 8 f., 10, 12 ff., 21;
Boytha in UFITA Bd. 55 (1970), S. 89 ff., 91. ff.

Pinselführung, bei der musikalischen Komposition in der meisterhaften Anwendung der Regeln der Harmonie oder des Rhythmus oder in der kenntnisreichen, effektvollen Instrumentation. Allein, auf diese äußere Form reduziere sich die künstlerische Darstellung keineswegs. Wörtlich führt *Kohler* aus: „...... die wesentlichste Form ist die innere Form: die Art und Weise, wie der Autor seinen Ideen nahetritt, wie er sie als Haupt- und Nebenfiguren gruppiert und zu Felde führt; es ist das Kolorit, unter welchen die Ideen, wie die Figuren eines Gemäldes, bald in klaren Konturen, bald in dem Hell-dunkel des mehr anregenden und andeutenden als ausführenden und abgrenzenden Stiles, bald in greller, bald in sanfter Beleuchtung, mit mehr oder minder Deutlichkeit und Perspektive, mit größerem oder geringerem Abschneiden des wesentlichen von dem unwesentlichen Hintergrunde hervortreten: dies ist das Geheimnis eines jeden Autors, dies ist die Atmosphäre seiner Ideenbildung, darin verrät sich die Eigenart seines Schaffens........ Diese innere Form ist nicht Form der Sprache, sondern Form der Ideenfolge, Ideengruppierung und Ideenbewegung, die Eigenart der Assoziation, Verbindung und Abstoßung von Ideen, überhaupt die individuelle Besonderheit der psychischen Mechanik"[34].

Kohlers Lehre hat im Schrifttum allgemeine Zustimmung gefunden[35]; teilweise ist sie modifiziert worden. *Elster* erkennt die Einteilung in äußere und innere Form an, sieht darin aber zugleich nichts Statisches, sondern eine Entwicklung, die Gestaltung von Ideen. Dabei ist nach seiner Ansicht das Frühstadium eines Werkes, die zum Entwurf gediehene Idee, mit der inneren Form gleichzusetzen, die sich in fortschreitender Konkretisierung bis zur völligen äußeren Ausgestaltung, der äußeren Form, entwickelt[36]. *Ulmer*[37] scheint im Grundsatz der Lehre *Kohlers* ebenfalls nicht widersprechen zu wollen. Er unterscheidet zwischen den individuellen Zügen eines Werkes und dem in ihm enthaltenen literarischen oder künstlerischen Allgemeingut. Die individuellen Züge sieht er einmal in der Formgebung, zum anderen aber auch in den Eingebungen der Phantasie, der Sammlung und Sichtung des Stoffes und in der gedanklichen Verarbeitung, kurzum in dem, was *Kohler* als innere Form, als die „Art und Weise, wie der Autor seinen Ideen nahetritt", als die „Ideenfolge, Ideengruppierung und Ideenbewegung" oder an anderer Stelle als „imaginäres Bild bezeichnet[38]. Verschieden

---

[34] Kohler, Autorrecht, S. 168, 169.
[35] S. o. Fn. 33.
[36] Elster, a. a. O., S. 599 ff.
[37] Ulmer, § 20 III.
[38] Kohler, Kunstwerk und Autorschutz, 1892, S. 48 ff.

ist lediglich das Gewicht, das beide den Komponenten beimessen. Darüber hinaus grenzt *Ulmer* die schutzwürdige geistige Leistung von dem nicht geschützten geistigen Allgemeingut ab, eine Unterscheidung, die das Eigentümliche eines Werkes noch stärker herausstellt, ohne jedoch mit der Definition der inneren oder äußeren Form in Widerspruch zu geraten.

Im Sinne der *Kohler'schen* Einteilung lautete ferner § 2 des von *Goldbaum* und *H. E. Wolff* vorgelegten Entwurfes eines neuen Urheberschutzgesetzes, in dem es heißt: „Der Schutz des Werkes ist unabhängig von dem Ausdrucksmittel, durch welches das Werk festgehalten ist."[39]

Schließlich hat auch die Rechtsprechung *Kohlers* Auffassung von der Struktur des Kunstwerks bestätigt[40]. Das Reichsgericht erklärt in einer Entscheidung vom 1. November 1935, jedes Werk der bildenden Kunst sei ein schöpferisches Geisteswerk, das allerdings durch Formgebung sinnlich wahrnehmbar gemacht werden müsse. Aufgabe und Leistung des bildenden Künstlers sei es also, zunächst im geistigen Schaffen die innere Anschauung des Kunstwerks zu gewinnen und alsdann das innerlich Geschaute mit den Mitteln der Kunst wahrnehmbar darzustellen[41].

2. Die Identität der Werkgattung

Die Unterscheidung in die äußere und die innere Form eines Werkes erleichtert eine Abgrenzung des Begriffes Bearbeitung im Verhältnis zum vorbestehenden Werk einerseits und zur freien Benutzung andererseits. Nach herrschender Auffassung erschöpft sich die Bearbeitung in einer Veränderung des Ausdrucksmittels, der äußeren Form, während die innere Form im wesentlichen beibehalten wird[42]. Bei der Bearbeitung bleibt die Identität des Ergebnisses mit dem ursprünglichen Werk unberührt. Diese Formulierung *Allfelds*[43] hat die Amtliche Begründung zu § 23 des Regierungsentwurfes[44] nahezu wörtlich übernommen.

---

[39] abgedruckt in UFITA Bd. 2 (1929) S. 185 ff.
[40] RG in GRUR 1936, 146 ff., 147;
BGH in GRUR 1959, 379 ff., 381 = UFITA Bd. 30 (1960/I) S. 193 ff.
[41] RG in GRUR 1936, 146 ff, 147;
ebenso Troller, Bd. I, 1968, S. 512.
[42] Ulmer, § 20;
Bappert, S. 294;
Hubmann, S. 103;
BGH in GRUR 1959, 379, 381 = UFITA Bd. 30 (1960/I) S. 193 ff.
[43] Allfeld, LitUG, Anm. 3 zu § 12.
[44] BTDrucks. IV/270, S. 51.

Man wird sich fragen, wann die Identität im konkreten Falle verloren geht, insbesondere, ob bei der Verwertung eines vorbestehenden Werkes für das Werk einer anderen Kunstgattung die innere Form wesentlich verändert wird. Augenscheinlich ist der Identitätsverlust bei der Umsetzung eines Sprachwerkes in ein Werk der Musik, etwa bei Richard Strauß' Tondichtungen „Till Eulenspiegels lustige Streiche" oder „Don Quichote", weil die Wesenszüge eines Musikwerkes notwendigerweise andere sind als die eines Sprachwerkes und die letzteren deshalb nicht in der musikalischen Komposition erhalten bleiben können[45]. Ebenso unmöglich wäre der umgekehrte Versuch, ein Musikwerk zu einem literarischen Werk zu bearbeiten. Die Umgestaltung eines Musikstückes müßte zwangsläufig wieder zu einem Werk der Musik führen. Ähnliches gilt für die Verwertung eines literarischen Werkes in der bildenden Kunst.

Auch hier kann man wegen der Eigengesetzlichkeit beider Kunstgattungen nicht von einer Bearbeitung reden. Die unterschiedlichen Wesenszüge hat bereits *Lessing* erkannt, wenn er im „Laokoon" schreibt: „Der Raum ist das Gebiet der bildenden Kunst, ihr Gegenstand sind Körper, das Gebiet der Dichtung ist die Zeitfolge, ihr Gegenstand sind Handlungen. Nur andeutungsweise kann die Malerei Handlungen durch Körper darstellen, wie auch die Dichtung nur andeutungsweise Körper durch Beschreibungen schildern kann"[46].

Das Schriftwerk kann nur Anregung, Vorlage, das Bild oder die Plastik nicht Bearbeitung sein[46a].

So gelangen *Fromm-Nordemann* und *De Sanctis* allgemein zu der Feststellung, daß Bearbeitungen nur innerhalb derselben Werkgattung denkbar seien[47], *Formm-Nordemann* allerdings mit folgender Einschränkung: Einzige Ausnahme von dem Prinzip der Unvereinbarkeit zweier Werkgattungen sei die Verfilmung[48]. Von dieser Einschränkung wird später noch die Rede sein. Jedenfalls ist von dem Grundsatz auszugehen, daß die Verwertung eines vorbestehenden Werkes in einer anderen Kunstgattung nicht als Bearbeitung bezeichnet werden kann.

---

[45] Fromm-Nordemann, Bem. 6 zu § 23; Hubmann, S. 160, mit Einschränkungen.

[46] Laokon. Oder über die Grenzen der Malerei und Poesie, Gotthold Ephraim Lessings sämtliche Schriften. Herausgegeben von Karl Lachmann, 3. aufs neue durchgesehene und vermehrte Auflage. Stuttgart 1893, 9. Bd. S. 95;

[46a] Kummer, 1968, S. 59.

[47] Fromm-Nordemann, Bem. 6 zu § 23; de Sanctis in Schulze a. a. O.

[48] Fromm-Nordemann, a. a. O.

III. Die Subsidiarität der Bearbeitung

Ein letztes Merkmal der Bearbeitung kommt hinzu, das die Amtliche Begründung ebenfalls nicht nennt, das aber nach allgemeiner Vorstellung in diesem Begriff mitenthalten sei. Eine Bearbeitung liegt in aller Regel nur dann vor, wenn das benutzte Werk einen selbständigen Gehalt besitzt, in seiner Kunstgattung einem selbständigen Verwertungsschicksal folgt und nicht erst durch die Bearbeitung „zum wirklichen Leben erwacht“[49], eine Voraussetzung, die im Verhältnis Drehbuch-Filmwerk praktische Bedeutung erlangen kann.

IV. Zusammenfassung: Kriterien der Bearbeitung

Es lassen sich mithin folgende Merkmale einer Bearbeitung aufstellen:

1) Die Bearbeitung ist – unbeschadet der Rechte des Originalautors – einem selbständigen Werk im Sinne des § 2 UG gleichgestellt.
2) Sie paßt das vorbestehende Werk bestimmten Verhältnissen an, indem sie es beispielsweise für andere Ausdrucksmittel einrichtet oder in eine andere Kunstform innerhalb der gleichen Werkgattung überträgt.
3) Die Bearbeitung läßt die Identität ihres Ergebnisses mit dem Originalwerk im wesentlichen unberührt; sie erweitert dessen Verwertungsmöglichkeiten.
4) Eine Bearbeitung ist grundsätzlich nur innerhalb derselben Werkgattung denkbar und setzt
5) regelmäßig ein selbständiges Originalwerk mit einem selbständigen Verwertungsschicksal voraus.

Dieser Bearbeitungsbegriff entspricht dem der Revidierten Berner Übereinkunft. Der amtliche deutsche Text des Art. 12 spricht von Adaptionen, Arrangements und anderen Umarbeitungen, welche der Urheber ausschließlich gestatten darf. Der Begriff der Adaption ist dem deutschen Urheberrecht fremd; der entsprechende Begriff ist die Bearbeitung. Dabei handelt es sich um eine abhängige Nachschöpfung, welche das Originalwerk in einer veränderten Form wiedergibt. Die Nachschöpfung ist aber nur eine Bearbeitung des Werkes, wenn sie die Identität des Werkes in der Hauptsache wahrt, so daß stets eine Abhängigkeit von diesem Werk gegeben ist[50].

---

[49] Wipf, S. 48 ff.

[50] Bappert-Wagner, Rdn. 2 zu Art. 12 RBÜ.

B. Das Exposé als Bearbeitung des vorbestehenden Werkes

Hat man das Wesen einer Bearbeitung hinlänglich bestimmt, so kann man sich nunmehr der Frage zuwenden, ob das Exposé als erster Schritt auf die Verfilmung hin eine Bearbeitung des vorbestehenden, in aller Regel literarischen Werkes ist.

Das Exposé ist im Falle einer literarischen Vorlage deren Umformung zum neuen filmischen Stoff. Ziel dieser Etappe ist ein Entwurf, der in fortlaufender erzählerischer Form den Inhalt des Filmstoffes in großen Zügen skizziert[51]. Ist aber das Exposé damit schon ein Werk, wie es eine Bearbeitung begrifflich verlangt?

Eine geistige Schöpfung setzt kein vollendetes Werk voraus. § 2 Abs. 1 Nr. 4 UG erfaßt ausdrücklich Entwürfe der bildenden und angewandten Kunst und stellt sie den vollendeten Werken gleich. Dieser Grundsatz gilt allgemein für alle Werkarten[52]. Entscheidend ist mithin allein, ob das Exposé neben dem vorbestehenden Werk bereits als persönliche geistige Schöpfung im Sinne des § 2 Abs. 2 UG anzusprechen ist. Die Leistung des Exposéautors besteht im wesentlichen in einer starken Zusammenfassung des Inhalts und des Handlungsablaufes eines Originalwerkes, in der Gliederung und Anordnung des Stoffes und insbesondere in der Umformung nach filmisch-optischen Gesichtspunkten[53]. Im Exposé zeigt sich, ob der Autor die optische Gestaltungskraft besitzt, die für alle weiteren Akte entscheidend ist. Gerade die Umformung des Vorbildstoffes zum neuen filmischen Urstoff ist originelles geistiges Schaffen und rechtfertigt es, dem Exposé Werkeigenschaft beizumessen[54]. Dem Einwand, das Exposé habe gegenüber dem vorbestehenden Werk keinen neuen Inhalt, kommt keine Bedeutung zu.

---

[51] Bergner, Bd. 1/IV, S. 26;
Dadek, Filmwirtschaft, S. 24;
Iros, S. 41;
Streicher, S. 75 f.;
Wipf, S. 26.

[52] Dittrich, 1968, InterGU Bd. 40, S. 45;
von Gamm, UG, Rdz. 9 zu § 2;
BGHZ 9, 237 ff., 241.

[53] von Gamm, UG, Rdz. 18 zu § 2;
BGH in GRUR 1963, 40 ff. = UFITA Bd. 38 (1962/III) S. 340 ff.

[54] Iros, S. 41.

Die neue Formgebung, die ein Exposé enthält, reicht als originelles geistiges Schaffen aus[55].

Die weiteren Voraussetzungen einer Bearbeitung sind offensichtlich gegeben. Der Autor des Exposés paßt das vorbestehende Werk bestimmten Verhältnissen, den speziellen optischen Erfordernissen des künftigen Films an. Als fortlaufende Erzählung, als Sprachwerk[56] bleibt es innerhalb der gleichen literarischen Werkgattung, auch wenn es schon mit starker Blickrichtung auf den Film geschrieben wird. Das Exposé ist folglich eine Bearbeitung des Originalwerks[57].

---

[55] Streicher, S. 79.

[56] Dittrich, S. 45.

[57] Bergner, Bd. 1/I, S. 50;
von Gamm, UG, Rdz. 18 zu § 2;
BGH in GRUR 1963, 40 ff. = UFITA Bd. 38 (1962/III) S. 340 ff.;
KG, Urt. v. 31. 1. 1956 – 5 U 1512/55 –.

C. Das Treatment als Bearbeitung des Exposés

Folgt man dem normalen Arbeitsgang der Filmherstellung, so ist nunmehr die Umsetzung des Exposés in das Treatment urheberrechtlich zu erfassen.

Das Treatment stellt eine Weiterentwicklung des Exposés dar. Der äußerliche Umfang ist gegenüber dem des Exposés entsprechend vergrößert, je nachdem, ob es sich um ein Kurz- oder ein ausführliches Treatment handelt. Die Filmplanung tritt mit dem Treatment in ein Stadium ein, das wesentliche Fortschritte in der Detaillierung und Festigung des Filmstoffes bringen muß. Dort wird der Handlungsablauf erstmals sichtbar in einzelne Szenen oder Bilder unterteilt. Die dramaturgisch zusammengehörenden Bilder werden wiederum in „Komplexe" zusammengefaßt. Innerhalb der einzelnen Bilder gibt das Treatment wie das Exposé die Handlung in fortlaufender Schilderung wieder. Die Darstellung ist jetzt schon bedeutend ausführlicher und genauer[58]. Während das Exposé nur das Wesentliche schildert, muß das Treatment diese Schilderung erweitern, vertiefen und auch über Stimmungen, Gefühlszustände usw. Auskunft geben[59].

Gewöhnlich enthält das Treatment bereits Andeutungen von Dialogen; das ist jedoch nicht notwendige Voraussetzung.

I. Bearbeitungsmerkmale, insbesondere Werkeigenschaft

Bei der Prüfung, ob das Treatment die Merkmale einer Bearbeitung aufweist, bereitet die Frage, ob dem Treatment Werkeigenschaft zukommt, keine Schwierigkeit. Der Autor erweitert den Rahmen des zugrundeliegenden Exposés und wird außerdem noch gegebenenfalls das Originalwerk mit heranziehen, um die Übertragung der Stimmung und der Atmosphäre in die „optische" Sprache möglichst vollkommen vorzubereiten. Die Änderungen, die das Exposé durch diese weitere Umgestaltung erfährt, erstrecken sich nicht nur auf die äußere Form. Der Autor muß wesentliche schöpferische Beiträge hinzufügen, um ein fachgerechtes Treatment zu schaffen[60]. Dieses stellt im Vergleich zum Ex-

[58] Bergner, Bd. I/IV, S. 30.
[59] Gutbrod in: "Das Manuskript", 1960, S. 562.
[60] Streicher, S. 82.

posé einen bedeutend gereifteren Verfilmungsplan dar[61]. Im Treatment werden die Lücken aufgefüllt, die im Exposé noch vorhanden waren. Der Lesende muß jetzt schon einen vollkommen optischen Eindruck von den einzelnen Szenen und Situationen der Handlung bekommen[62]. Die Entwicklung des Treatments aus dem Exposé ist daher eine neue geistige Leistung.

II. Anpassung an andere Verhältnisse

Wird dem Leser nunmehr ein bildhafter Eindruck von dem Stoff des künftigen Filmwerks vermittelt, so hat das Treatment eine weitere Voraussetzung einer Bearbeitung erfüllt. Es hat das vorbestehende literarische Werk und das daraus entwickelte Exposé bestimmten Verhältnissen, einer optisch-akustischen Darstellungsweise, angepaßt oder zumindest nähergebracht. Das Treatment gibt im Konzept schon die spezifisch filmische Anlage wieder.

III. Identität der Werkgattung

Ist aber das Treatment bereits in die Nähe des eigentlichen Filmschaffens gerückt, so bleibt zu klären, ob es, wie der Begriff der Bearbeitung verlangt, derselben Werkgattung wie das Exposé und die in aller Regel literarische Vorlage angehört. Vor die Wahl gestellt, das Treatment entweder dem literarischen oder dem filmischen Bereich zuzuordnen, wird man nicht zögern, es als Schriftwerk zu bezeichnen. Im Gegensatz zum Drehbuch weist das Treatment noch nichts auf, was die Filmproduktion unmittelbar verwerten könnte. Regelmäßig enthält das Treatment die Filmdialoge nur andeutungsweise[63]. Auch fehlen sämtliche technischen Anweisungen an Regisseur, Kameramann oder Filmkomponist. Im Treatment steht, was geschehen soll, nicht, wie es dargestellt werden kann. Schwerpunkt ist der dichterische und dramaturgische Aufbau[64]. Zutreffend wird das Treatment als Filmdichtung[65] oder Filmnovelle [66] bezeichnet. Allgemein gilt es als Werk der Literatur[67].

---

[61] Bergner, Bd. 1/IV, S. 31;
Iros, S. 41 ff.
[62] Gutbrod, a. a. O.
[63] Iros, S. 41 f.
[64] Liebeneiner in: Müller, Dramaturgie, 1954, S. 16.
[65] Dadek, S. 24.
[66] Liebeneiner, a. a. O., S. 16;
Bergner, Bd. 1/IV, S. 29.
[67] Dittrich, S. 45;
Fromm-Nordemann, Bem. 15 zu § 2;

IV. Selbständigkeit der benutzten Werke

Die letzte der aufgezählten Voraussetzungen einer Bearbeitung kann ebenfalls nicht in Zweifel gezogen werden; die Vorlagen des Treatments sind selbständige Werke mit einem selbständigen Verwertungsschicksal. Für das vorbestehende Werk der Literatur, soweit es beim Treatment noch mithinzugezogen wird, ist das selbstverständlich. Aber auch das Exposé ist eine in sich geschlossene, selbständige Darstellung. Anders als das Drehbuch, das den Film beschreibt, das die eigentliche Filmproduktion theoretisch bereits ganz oder teilweise vorwegnimmt, ist das Exposé ein in Erzählform abgefaßter Handlungsaufriß, eine Fabel[68], die sich auch selbständig, für ein Bühnenstück oder ein Hörspiel, verwenden läßt.

Zu Recht wird daher das Treatment allgemein als eine Bearbeitung des Exposés und gegebenenfalls des vorbestehenden literarischen Werkes angesehen[69].

---

von G a m m, UG, Rdz. 23 zu § 2, mit Hinweisen auf die Rspr.;
W i p f, S. 27.

[68] von G a m m, UG, Rdz. 18 zu § 2.

[69] B e r g n e r, Bd. 1/I, S. 59 f.;
B e r t h o l d / von H a r t l i e b, S. 29;
U l m e r, § 35 III 2 a;
BGH in GRUR 1963, 441, 443 = UFITA Bd. 39 (1963/I) S. 267 ff.

D. Das Drehbuch als Bearbeitung des Treatments

An das Treatment schließt sich als weitere Entwicklungsstufe auf dem Wege zum Filmwerk das Drehbuch an, dessen urheberrechtliche Einordnung im Nachfolgenden versucht werden soll. Die Praxis unterscheidet zwischen Rohdrehbuch und kurbelfertigem Drehbuch. Das Rohdrehbuch ist für die vorliegende Untersuchung urheberrechtlich weniger bedeutsam. Es unterscheidet sich nicht wesentlich von dem Treatment und stellt nur insoweit eine Fortentwicklung dar, als nunmehr sämtliche Dialoge vollständig festgelegt sind. Innerhalb des Filmschaffens gehören Exposé, Treatment und Rohdrehbuch zusammen; sie bilden das Stadium der Manuskripte[70].

I. Entstehen, Inhalt und filmische Bedeutung des kurbelfertigen Drehbuches

Einen wesentlichen Fortschritt in Richtung Film zeigt dagegen das kurbelfertige Drehbuch, auch Regiebuch[71], Bilderkomposition[72] oder Bildpartitur[73] genannt. Das (kurbelfertige) Drehbuch ist ein Arbeitsplan zur Durchführung der eigentlichen Filmproduktion, eine Gesamtdarstellung des geplanten Produkts, wie sie sich auch in anderen Industriebereichen zum Zwecke der Arbeitsvorbereitung findet[74]. Wurden die Manuskripte vom Filmdichter bestimmt, so hat jetzt der Filmregisseur das Wort. Erst in seinen Händen wird das Treatment oder Rohdrehbuch zum „drehreifen" Buch. Eine Umarbeitung durch den Regisseur findet immer statt[75]. Man kann sogar sagen, daß die Substanz des Drehbuches nicht zur Geltung kommen kann ohne die schöpferische Arbeit, d. h. Umarbeitung und Abänderung durch den Regisseur[76]. Unerläßliche Voraussetzung für die endgültige Gestaltung des Drehbuches sind die ge-

---

[70] Bergner, Bd. 1/IV, S. 25, 35 f.
[71] Dadek, Filmwirtchaft, S. 27.
[72] Ulmer, § 26 IV 3, § 35 III 2 a.
[73] Iros, S. 41 f., 175.
[74] Bergner, Bd. 1/IV, S. 36;
Dadek, Filmwirtschaft, S. 25.
[75] Dittrich, InterGU Bd. 40 S. 45 (1968);
von Gamm, FilmR., 1957, S. 18;
Hoffmann in GRUR 1930, 447 ff., 754;
Wipf, S. 44;
RGZ 107, 62 ff., 65.
[76] Wipf, a. a. O.

naue Kenntnis der Filmarbeit und die Vertrautheit mit ihrer Technik, die der Regisseur in besonderem Maße besitzt. Sie sind unerläßlich in dem Sinne, daß es ohne sie nur Dilettantismus geben kann[77]. Der ideale Spielleiter ist derjenige, der von einem Manuskript ein Regiebuch zu machen versteht, durch dessen Verwirklichung er die Forderungen des Filmdichters restlos gestaltet[78]. „Daher auch die vielerlei Umänderungen sachlicher Art und die häufigen Meinungsverschiedenheiten zwischen Verfasser und Regisseur, bei denen aber nicht unbedingt der letztere wird weichen können und müssen", stellt das Reichsgericht in einem Urteil vom 16. Juni 1923 fest[79]. Wenn daher im Nachfolgenden vom Drehbuch die Rede sein wird, so ist ständig die drehreife Vorlage nach der Überarbeitung und Ergänzung durch den Regisseur, das sog. Regiebuch gemeint.

1. Der Inhalt

Das Drehbuch ist die ausführlichste und genaueste Niederschrift der Spielhandlung. Außerdem enthält es zahlreiche Anweisungen für die schauspielerische Darstellung und filmische Aufzeichnung der Handlung sowie für die anderen Fertigungsbereiche des geplanten Filmschaffens. Dialoge, Gestik, Mimik und Bewegung der Darsteller im Raum sind möglichst genau festgelegt. Auch akustische Einzelheiten wie Schallereignisse und Musik, ferner Ort, Tageszeit und Milieu der Handlung werden zusammen mit einer Anzahl weiterer Daten erfaßt[80]. Schließlich muß im Drehbuch eine Entscheidung darüber getroffen werden, ob in Schwarz-weiß oder in Farbe gefilmt werden soll. Die gesamte Darstellung wird davon sowohl aufnahmetechnisch als auch künstlerisch beeinflußt[81].

2. Die Einteilung

Im einzelnen gilt folgendes: Das Drehbuch ist horizontal in einen optischen und einen akustischen Teil getrennt. Was man im Film später sehen wird, ist links, was man hören wird, rechts dargestellt. Die technischen Anweisungen der linken Seite sind noch einmal optisch beson-

---

[77] D a d e k, Filmwirtschaft, S. 26.
[78] L i e b e n e i n e r, S. 16.
[79] RGZ 107, 62 ff. 65.
[80] B e r g n e r, Bd. 1/IV, S. 36 f.;
D a d e k, Filmwirtschaft, S. 25.
L i e b e n e i n e r, a. a. O.;
H a e g e r in UFITA-Schriftenreihe, Heft 9, (1958), S. 40 ff.
[81] B e r g n e r, Bd. 1/IV, S. 54.

ders hervorgehoben. Ebenso setzen sich die Geräusch- und Musikanweisungen auf der rechten Seite deutlich von den Dialogen ab.

Vertikal gliedert sich das Drehbuch in Szenen und Einstellungen. Die Darstellung der einzelnen Szene, auch Bild genannt, beginnt mit dem Schauplatz der Handlung, dem oder weniger detailliert eine Beschreibung des Ortsmilieus und häufig Angaben über das äußere Erscheinungsbild, insbesondere die Kleidung der Schauspieler folgen. Gelegentlich findet sich auch eine Anregung, wie sich die Filmproduktion die näheren Umstände, Ereignisse der wirklichen Welt, wie Autorennen, Zirkus, Karneval usw. beschaffen und dienstbar machen kann[82]. Nicht fehlen dürfen Hinweise auf die Tageszeit und Angaben darüber, ob „innen" oder „außen" gefilmt werden soll.

Außer einer Einteilung in Bilder gibt es im Drehbuch eine Gliederung in sog. Einstellungen. Eine Einstellung ist der Bruchteil einer Spielhandlung, den die Kamera in einem einzigen, ununterbrochenen Aufnahmeakt fotografiert. Die Einstellungen sind ohne Rücksicht auf ihre Zugehörigkeit zu den einzelnen Bildern in laufender Zählreihe durchnummeriert. Jede Einstellung wird nochmals formell in einzelne Absätze untergliedert, durch welche die verschiedenen Teile der Handlungsbeschreibung bzw. der Bilderläuterung augenfällig voneinander getrennt werden sollen[83]. Der Begriff der Einstellung ist dem Bereich der Aufnahmetechnik entlehnt und bedeutet soviel wie Ausrichtung der Kamera auf das oder die Objekte. Hier findet sich im Drehbuch eine ganze Skala von Anweisungen von der „Totale", d. h. Gesamtaufnahme des Geschehens, über „Groß"(-aufnahme) zu „Nah"(-aufnahme) mit zahlreichen Zwischenwerten. Innerhalb der Einstellung kann sich ferner der Standort der Kamera ändern. Die bewegte Kamera kann von einem Objekt zum anderen gleiten, schwenken und fahren. Auch darüber enthält das Drehbuch Plandaten.

Schließlich gilt es, die Bilder dramaturgisch zu verbinden. Anweisungen dazu gibt das Drehbuch bei den jeweiligen Einstellungen in Form von Blendenbezeichnungen wie „Aufblenden, Abblenden, Überblenden" usw.[84].

---

[82] Bergner, Bd. 1/IV, S. 38 f.
[83] Bergner, Bd. 1/IV, S. 40 f.; Gutbrod, S. 567.
[84] Bergner, Bd. 1/I, S. 128; Bd. 1/IV, S. 42.

3. Beginn des Filmschaffens

Das alles sind Mittel der Filmdarstellung, die über das Gelingen eines guten Filmwerks entscheiden und die bereits im Drehbuch festgelegt sein müssen. Es leuchtet ein, daß die Bilderkomposition nicht vom Dichter mit dichterischen Mitteln, sondern nur von einer Person gestaltet werden kann, welche die Verfilmungstechnik durch und durch beherrscht, deren Auge „auf eine in der Phantasie beruhende Leinwand gerichtet ist“[85]. Das ist in aller Regel der Regisseur. Ist das Drehbuch sorgfältig erarbeitet, so ist eine wichtige Phase der Verfilmung erreicht[86]. Das Drehbuch ist die Grundlage der geistig-künstlerischen und organisatorischen Planung sowie der Finanzierungsentscheidungen, ist also der Beginn des Filmschaffens[87].

II. Werkeigenschaft als Bearbeitungsmerkmal

Hat man vom Tatsächlichen her eine Vorstellung vom Drehbuch gewonnen, so kann man mit der urheberrechtlichen Wertung beginnen und die Frage beantworten, ob das Drehbuch als Bearbeitung des Treatments aufzufassen ist.

1. Das Regiebuch, eine selbständige geistige Leistung

Geht man von dem bisherigen Schema aus, wäre zunächst festzustellen, ob das Drehbuch ein Werk ist. Als Beschreibung, Gestaltungsplan des künftigen Films stellt das Drehbuch keine vollendete Schöpfung dar. In dem Drehbuch zu seinem Film „In jenen Tagen“ sagt *Helmut Käutner:* „Ein Drehbuch kann, stilkritisch betrachtet, kein Kunstwerk sein. Es ist die vorweggenommene genaue Beschreibung eines mit seiner Hilfe zu schaffenden Kunstwerkes“[88]. Ähnlich meint *Fagg,* daß Werkeigenschaft nur dem Film als „Endform“, nicht aber dem Drehbuch als bloßem Durchgangsstadium des Filmschaffenden zukomme[89].

Das mag richtig sein, wenn man den Werkbegriff dem ästhetischen Bereich entlehnt. Für den Juristen stellt sich jedoch die Frage, wie weit der Begriff des Werkes auszudehnen ist, um der Rechtssphäre des Urhebers den Schutz zukommen zu lassen, der den Erfordernissen des

[85] Liebeneiner, zitiert bei Ulmer, Urheber- und Verlagsrecht, § 35 III 2 a.
[86] René Clair, 1952, S. 154 f.
[87] Dadek, Filmwirtschaft, S. 23 f.;
Haeger in UFITA-Schriftenreihe, Heft 9, S. 47 f.
[88] Käutner, zitiert bei Siemek, 1953, S. 45.
[89] Fagg, 1928, S. 11 ff.

kulturellen Lebens entspricht[90]. Diese gebieten, wie schon beim Exposé dargelegt wurde, daß nicht nur vollendete Werke, sondern auch schon Entwürfe urheberrechtlich geschützt werden, sofern sie persönliche geistige Schöpfungen sind. Ist das vollendete Drehbuch tatsächlich ein Gestaltungsplan des Films, so erreicht er mindestens den Status eines Entwurfs. Gegenüber dem Treatment und Rohdrehbuch enthält es durch die Überarbeitung eine Fülle neuer künstlerisch-technischer Angaben und Beschreibungen für die optische und akustische Darstellung des Spielfilms, welche die unverkennbare Handschrift des Regisseurs tragen und dessen persönliche geistige Leistung nicht verleugnen können.

Unter Umständen bedarf es nicht einmal des Merkmals einer persönlichen geistigen Leistung, um die Werkeigenschaft des Drehbuchs insoweit zu bejahen. Nach den bahnbrechenden Erkenntnissen von *Max Kummer*[90a] ist ein Werk nicht unbedingt von einer persönlichen Prägung durch den Urheber abhängig. An Hand von Erzeugnissen der modernen Kunst weist *Kummer* nach, daß Werke dieser Art häufig das Ergebnis des Zufalles, des Experiments, der spielerischen Kombination sind[90b]. Komputerkunst, „objets trouvés" oder „ready mades" müssen nicht zwangsläufig das Ergebnis einer wahrhaft schöpferischen Tätigkeit, einer geistigen Anstrengung sein[90c]. Gleichwohl sind diese Gebilde Objekte des Rechtsverkehrs, werden teilweise außerordentlich hoch gehandelt und sind daher vor einer unerlaubten Nachahmung ebenso zu schützen, wie Werke herkömmlicher Art. Es sind folglich neue Kriterien erforderlich, die auch die neuen Schöpfungen in den juristischen Werkbegriff einschließen. Nach *Kummer* kann das Wesensmerkmal unter Verzicht auf jede persönlichkeitsbezogene Wertung in einer bloßen individuellen Prägung gesehen werden. Die Schutzvoraussetzung ist erfüllt, sobald sich das Werk von den bestehenden oder potentiellen Werken abhebt. Das Werk muß – im statistischen Sinne – einmalig sein[90d].

Schließt man sich der modernen Auffassung vom Werkbegriff an und sieht man die Drehbuchgestaltung unter dieser Perspektive, so wird augenscheinlich, daß dem vom Spielleiter umgestalteten Drehbuch in-

---

[90] Ulmer, § 20 IV.

[90a] Max Kummer, Das urheberrechtlich schützbare Werk, 1968, S. 37 ff. (Zusammenfassung S. 80);

[90b] Kummer, S. 28 (Fn 63), 65 ff., 198 ff.

[90c] Rehbinder in ZSR 1972, 1 ff., 22.

[90d] So auch – Kummer, S. 30 ff., 47 ff. folgend – Art. 1 des schweizerischen Vorentwurfes für ein Bundesgesetz betreffend das Urheberrecht, zitiert bei Rehbinder a. a. O., S. 22.

soweit die Werkeigenschaft nicht versagt werden kann. Selbst wenn es noch nicht die persönliche Eigenart der Filmschöpfer offenbart, die erst der fertige Film wird zeigen können, setzt es sich in jedem Falle durch die individuelle Beschreibung des Verfilmungsvorganges so stark von den Manuskripten und zugleich auch von der Auffassung eines anderen Regisseurs zu dem gleichen Filmstoff ab, daß schon in diesem Stadium von seiner Individualität im statistischen Sinne, von seiner Singularität gesprochen werden kann.

2. Mangelnde Verkehrsfähigkeit

Der juristische Werkbegriff verlangt aber noch mehr. Im Vordergrund der rechtlichen Betrachtung steht immer der Gedanke von der Notwendigkeit des Rechtsschutzes, einer Art Rechtsschutzbedürfnis im allgemeinen (überprozessualen) Sinne. In der Lehre ist das insbesondere von *Ernst E. Hirsch* herausgestellt worden. Nach *Hirsch* hat es nur dann Sinn und praktische Bedeutung, einem Geistes- oder Kunsterzeugnis Werkqualität zuzusprechen, wenn es sich in irgendeiner Weise objektiviert hat und mit irgendeinem Mittel so gut und so wohlfeil reproduzierbar ist, daß die „Reproduktion" den gleichen Genuß und Gebrauch wie das Original vermittelt, ohne auch nur annähernd den für das Original erforderlichen Kostenaufwand zu erfordern. Denn nur unter diesen Umständen können derartige Erzeugnisse, genauer gesagt: ihre Reproduktionsmöglichkeiten, zu lauteren oder unlauteren Wettbewerbshandlungen herausfordern und wie sonstige Wirtschaftsgüter Gegenstand des Rechtsverkehrs werden. Dem Geistes- oder Kunsterzeugnis ohne Verkehrsfähigkeit, d. h. ohne wirtschaftliche Nutzungs- und Ausnutzungsmöglichkeiten, fehlt nach *Hirsch* aus objektiven Gründen die Werkqualität[91]. Ähnlich gehen *Hubmann, Möhring-Nicolini* und der Bundesgerichtshof davon aus, daß nach dem Sinn und Zweck der urheberrechtlichen Schutzvorschriften das Werk erst dann als vorhanden anzusehen und damit geschützt sei, wenn es in einer Weise in die äußere Erscheinungswelt getreten sei, daß es von Dritten – unabhängig vom Willen seines Schöpfers – durch Wiedergabe genutzt werden könne[92].

Das ist beim kurbelfertigen Drehbuch, der Bildpartitur, höchst zweifelhaft. Zwar hat sich das Regiebuch durch seine schriftliche Niederle-

---

[91] Hirsch, Ernst E. in UFITA-Schriftenreihe, Heft 4, S. 34.

[92] Hubmann, 1966, S. 36 f.;
Möhring-Nicolini, Anm. 2 a zu § 1;
BGHZ 37, 1 ff., 7 = UFITA Bd. 37 (1962/II) S. 308 ff.

gung objektiviert, doch wird man kaum sagen können, daß es verkehrsfähig sei. Der Bildpartitur fehlt eine unmittelbare wirtschaftliche Nutzungs- und Ausnutzungsmöglichkeit in der Form, daß sie selbständig reproduziert und so Gegenstand des Rechtsverkehrs werden könnte. Das Drehbuch in seiner endgültigen Gestalt ist auf die Umwandlung in filmisches Bildgeschehen gerichtet. Da das Drehbuch Gestaltungsplan des Film ist, sein Autor und in noch stärkerem Maße der überarbeitende Regisseur bereits in den optischen Gesetzen des Films schaffen, ist seine Umsetzung in den Film in aller Regel die einzige bestimmungsgemäße Verwertungsmöglichkeit[93]. Die Auffassung der Amtlichen Begründung zu § 99 RegE[94], das Drehbuch sei gegenüber dem Filmwerk gesondert verwertbar, trifft zumindest auf das Drehbuch in seiner endgültigen Gestalt nicht zu. So eignet es sich insbesondere nicht für eine Bühnenaufführung; es ist auf einen Spielfilm zugeschnitten und unterliegt folglich anderen Gesetzmäßigkeiten[95]. In diesem Zusammenhang sei allein die unterschiedliche Funktion des Wortes für Bühne und Film hervorgehoben. Der Dialog hat für das Theater tragende, für das Filmwerk aber nur dienende Bedeutung. Ebensowenig ist eine Vervielfältigung von Drehbüchern und deren Verbreitung im Buchhandel üblich. Die für den Regisseur geschriebene und von ihm vervollständigte Bildpartitur ist allgemein unverständlich und uninteressant. Ihre gesonderte Verwertung außerhalb des Films ist daher aus praktischen Gründen so gut wie ausgeschlossen[96]. Nur ausnahmsweise erscheint ein Drehbuch auf dem Büchermarkt und auch nur dann, wenn der aus ihm hervorgegangene Spielfilm bekannt geworden ist. Es käme niemandem in den Sinn, das Drehbuch eines nicht erfolgreich realisierten Films zu veröffentlichen[97]. Das Drehbuch könnte allenfalls zu einem Roman oder

---

[93] Berthold / von Hartlieb, S. 55 f.;
Fagg, S. 12;
Greco in UFITA-Schriftenreihe, Heft 10, S. 23, 24;
Haeger in UFITA Bd. 22 (1956/II) S. 61;
Hubmann, InterGU Bd. 26, S. 11 ff.;
Troller, Bd. II, S. 702;
a. A. Brugger in UFITA Bd. 51 (1968) S. 102.

[94] BTDrucks IV/270, S. 99 f.

[95] Berthold / von Hartlieb, S. 32 f.;
Eckstein, S. 31 ff.;
Fagg, S. 14;
Goldbaum, S. 35;
Hubmann, a. a. O.

[96] Hirsch, Ernst E., in UFITA Bd. 25 (1958/I) S. 5 ff., 9.

[97] Wipf, S. 48 f.

Drama umgestaltet werden[98], ist also im ungeänderten Zustand nicht verkehrsfähig. Dann aber ist die Werkeigenschaft im urheberrechtlichen Sinne bei dem Regiebuch in Frage gestellt.

III. Mangelnde Identität der Werkgattung

Da nach der vorangehenden Begriffsbestimmung eine Bearbeitung grundsätzlich nur innerhalb derselben Werkgattung möglich ist, bleibt zu klären, ob das aus den Manuskripten entwickelte und vom Regisseur überarbeitete, kurbelfertige Drehbuch wie jene noch ein Werk der Literatur oder bereits Bestandteil des Filmwerks ist.

1. Der Film, ein eigenständiges Werk

Vorab ist festzustellen, daß der Film nach einhelliger Meinung kein Werk der Literatur, auch kein literarisches Werk im weiteren Sinne, sondern ein Erzeugnis eigener Art und Gattung darstellt[99]. § 2 Abs. 1 UG scheidet deutlich die Sprach- von den Filmwerken; zwischen ihnen liegt eine größere Zahl andersartiger Schöpfungen. Auch Art. 2 Abs. 1 der Revidierten Berner Übereinkunft in der Stockholmer Fassung und Art. I des Welturheberrechtsabkommens zählen beide Werkarten ohne inneren Zusammenhang und getrennt voneinander auf. Die Amtliche Begründung zu § 99 des Regierungsentwurfes von 1962 weist ausdrücklich darauf hin, daß das Filmwerk etwas anderes und mehr sei als nur die Darstellung der für das Filmwerk benutzten Werke[100].

2. Das Verhältnis des Drehbuches zum Film

Gehören Schriftwerk und Film zwei verschiedenen Gattungen an, so gewinnt die Frage Bedeutung, in wessen Bereich das Drehbuch fällt.

---

[98] Ulmer in GRUR AIT 1953, 182 ff.;
ders., Festschrift für Hallstein, 1966, S. 541 ff., 551.

[99] Eckstein, S. 31 ff.;
Lion in GRUR 1927, 218 ff., 219;
Goldbaum, 1929, S. 34 f.;
Baum in UFITA Bd. 5 (1932), S. 485 ff., 486;
Hoffmann, S. 219 ff.;
Werhahn in UFITA Bd. 19 (1955) S. 191 ff., 193;
Berthold / von Hartlieb, S. 32;
Fromm-Nordemann, Bem. 15 zu § 2;
Ulmer, § 20 IV;
ders. in GRUR AIT 1953, 182 f.;
von Gamm, UG, Rdz. 23 zu § 2;
BGHZ 26, 52 ff., 55 = UFITA Bd. 25 (1958/I) S. 337 ff.

[100] BTDrucks. IV/270, S. 99 f.

a) Das Drehbuch als Schriftwerk

Die überwiegende Meinung in Lehre und Rechtsprechung sieht das Drehbuch als literarisches Werk an. Man ist vielfach der Auffassung, das Drehbuch gehe mit der Formgebung durch den Film in diesem auf und verliere seine Zweckbestimmung, nicht aber seine Eigenart als literarisches Werk[101]. Das Drehbuch werde zwar mit Blickrichtung auf den geplanten Film zielstrebig gestaltet, sei aber von diesem unterscheidbar und gesondert verwertbar[102] und außerdem seiner Form nach ein Schriftwerk[103], weil es als Geisteserzeugnis eine selbständige Gedankendarstellung in Sprachform enthalte[104]. Zugleich geht man davon aus, daß die Filmherstellung erst mit den Dreharbeiten beginne und damit alles, was vorher geschaffen worden sei, als literarische Vorarbeit, das Drehbuch selbst als Endstufe der literarischen Vorbereitung gewertet werden müsse[105]. Das fremde Geistes- und Bildgut werde erst im Vorgang der Bildaufnahme durch die schöpferische Tätigkeit des Filmregisseurs in die optische Sprache des Films umgesetzt; die Beschreibung der Bilder im Drehbuch vermöge niemals den einzelnen Bildern ihr eigenes und endgültiges Gesicht zu geben[106]. Man negiere den schöpferischen Vorgang der Entstehung des Filmwerks, wenn man die Filmurheberschaft aus dem Vorgange der Filmherstellung in den

---

[101] Berthold / von Hartlieb, S. 29, 32, 55 ff.;
Dittrich, S. 45;
Fromm - Nordemann, Bem. 15 zu § 2;
von Gamm, UG, Rdz. 23 zu § 2;
Haeger in UFITA Bd. 22 (1956/II) S. 59;
ders. in NJW 1959, 656 ff., 657;
Möhring - Nicolini, Anm. 5e zu § 88;
Werhahn in UFITA Bd. 19 (1955/I), S. 191 ff., 193;
ders. in UFITA Bd. 22 (1956/II), S. 42 ff., 49;
Wietek in UFITA Bd. 49 (1967/I) S. 54 ff., 64;
BGHZ 26, 52 ff., 55 = UFITA Bd. 25 (1958/I) S. 337 ff.

[102] Amtl. Begr. zu § 99 RegE, BTDrucks IV/270, S. 99 ff.;
Berthold / von Hartlieb, S. 55 f.

[103] Haeger in NJW 1959, S. 656 f.

[104] Wipf, S. 43.

[105] Amtl. Begr. a. a. O.
Berthold / von Hartlieb, S. 26, 57;
Brugger in UFITA Bd. 51 (1968) S. 89 ff., 102;
Heager in UFITA Bd. 22 (1956/II), S. 59;
Roeber, S. 28 ff., 32 ff.;
ders. in UFITA Bd. 16 (1942—44), S. 386 ff., 399;
RGZ 107/62 ff., 65;
BGHZ 26/52 ff., 55 = UFITA Bd. 25 (1958/I) S. 337 ff.

[106] Berthold / von Hartlieb, S. 32.

literarischen Bereich vorverlagern würde[107]. Offenbar hat sich das Urheberrechtsgesetz der überwiegenden Ansicht angeschlossen. § 89 spricht in Abs. 3 von den Urhebern benutzter Werke, zu denen auch das Drehbuch gerechnet wird, und in Abs. 1 von den Mitwirkenden bei der Herstellung eines Filmwerks, geht also davon aus, daß die Abfassung eines Drehbuches nicht zum eigentlichen Filmschaffen gehört[108].

b) Das Drehbuch als Bestandteil des Filmwerks

Der Auffassung vom Drehbuch als einem selbständigen literarischen Werk kann weder im Ergebnis noch in der Begründung beigepflichtet werden, weil sie die künstlerische, technische und wirtschaftliche Bedeutung des Drehbuches für ein Gelingen des Filmwerks verkennt.

aa) Die Einheit von Drehbuch und Filmwerk

Zunächst muß einer Zäsur zwischen Drehbuch und Filmwerk widersprochen werden, wie sie in § 89 UG besonders deutlich erkennbar wird. Es ist verfehlt, Drehbuch und Filmschaffen gedanklich voneinander zu trennen und darüber hinaus das Drehbuch sogar einem vorbestehenden Werk gleichzusetzen. Eine solche Trennung mag die rechtliche Einordnung erleichtern und vereinfachen, mit der Wirklichkeit stimmt sie jedoch nicht überein. Das abgeschlossene Drehbuch ist, filmwirtschaftlich gesehen, ein Arbeitsplan, eine schriftliche Arbeitsvorbereitung[109]. So wenig in anderen Industriezweigen Planung, Arbeitsvorbereitung und Produktion voneinander getrennt werden können, so wenig kann sich die Filmindustrie von dieser wirtschaftlichen Einheit ausschließen. Im Gegenteil, das erhebliche finanzielle Risiko dieser Branche weist der Planung eine besonders wichtige Rolle zu und verlangt eine enge Verbindung mit der Produktion, damit ein reibungsloser Übergang des einen in das andere gewährleistet ist.

Aber auch aus künstlerisch-technischer Sicht können der Verfasser und der Vollender des Drehbuches nicht außerhalb der Filmschöpfung stehen[110]. Der Film gehört, ähnlich dem Bühnenstück, zu den Werkgattungen, die in der Zeitenfolge stehen. Der Schwerpunkt des Filmschaffens liegt bei der Bilderfolge, ihrem Aufbau, ihrer Komposition und dem

[107] R o e b e r, a. a. O.
[108] Amtl. Begründung zu § 99 RegE, a .a. O.
[109] B e r g n e r, Bd. 1/IV, S. 21 ff.
[110] U l m e r, § 35 III 2 a;
H a e g e r in UFITA-Schriftenreihe, Heft 9, S. 47 f.

Sinngehalt, den sie vermittelt[111]. Diese geistige Leistung ist schon Inhalt und Gegenstand des Drehbuches, nicht erst der nachfolgenden Dreharbeiten. „Der Drehbuchautor schreibt kein literarisches Werk. Er beschreibt die Bilderfolge so, wie sie strukturell dem Film zugrunde liegt. Er denkt und schafft bereits in den Gesetzen des Films"[112]. Diese hauptsächlich von *Ulmer* vertretene Meinung hat in letzter Zeit an Bedeutung gewonnen. Nach *Greco*[113] ist das Drehbuch dazu bestimmt, in gleicher Weise wie die schöpferischen Tätigkeiten, die der Realisierung des Films dienen, unmittelbar in das Filmwerk einzugehen. Im Gegensatz zu § 89 UG unterscheidet auch Artikel 14bis Abs. 2 b RBÜ (Stockholm) nicht zwischen Drehbuch und Leistungen Filmmitwirkender, sondern spricht einheitlich von Beiträgen zur Herstellung von Werken der Kinematographie. Filmbeiträge im Sinne der Konvention sind demnach nicht nur Leistungen von Personen, die bei den Dreharbeiten mitwirken, sondern auch die für den Film bestimmten Schöpfungen, insbesondere das Drehbuch[114].

Die RBÜ folgt damit den Gesetzgebungen einer Anzahl europäischer Länder, die dem Drehbuchautor Miturheberschaft am Filmwerk zuerkennen und damit im Drehbuch einen Bestandteil des Filmschaffens sehen. Das französische Urheberrecht stellt in Art. 14 Abs. 2 des Gesetzes über das literarische und künstlerische Eigentum[115] die widerlegliche Vermutung auf, daß als Miturheber des Filmwerkes die Verfasser des Drehbuches neben dem Regisseur und den anderen Filmschaffenden anzusehen sind. Gleiches gilt für das belgische Urheberrecht[116]. Nach

---

111 von Gamm, FilmR, S. 18.

112 Ulmer in GRUR AIT. 1953, 182 ff., 185, 189;
ders. in GRUR 1955, 518 ff., 520 f.

113 Greco in UFITA-Schriftenreihe, Heft 10, S. 23 ff., 24.

114 Bergström in UFITA-Schriftenreihe, Heft 35, S. 449 ff.;
ders. in GRUR AIT. 1967, 431 ff., 440;
Dittrich, 1968, S. 48;
Kummer, S. 166;
Oekonomidis in UFITA-Schriftenreihe, Heft 35, S. 135 ff., 152;
Ulmer in FuR 1968, 95 ff., 100;
Hirsch, Ernst E., in UFITA Bd. 25 (1958/I) S. 5 ff., 20, bezeichnet die Werke des Drehbuchautors, den Dialog, die Filmmusik und die Regieeinfälle des Regisseurs als Bausteine, aus denen das Filmwerk zusammengesetzt werde. Das entspricht dem Begriff der „Beiträge".
Greco (a. a. O.) zählt das Drehbuch ausdrücklich zu den Filmbeiträgen und stellt es den der Realisierung des Films dienenden Tätigkeiten gleich.

115 Gesetz Nr. 57–298 vom 11. 3. 1957 über das literarische und künstlerische Eigentum, abgedruckt und übersetzt in Möhring-Schulze-Ulmer-Zweigert, Frankreich/II.

116 Möhring-Schulze-Ulmer-Zweigert, Belgien/I, S. 6.

§ 39 des österreichischen Urheberrechtsgesetzes[117] gilt der Drehbuchautor als Miturheber eines gewerbsmäßig hergestellten Filmwerks, wenn er daran derart mitgewirkt hat, daß der Gesamtgestaltung die Eigenschaft einer eigentümlichen geistigen Schöpfung zukommt. Auch Art. 44 des italienischen Gesetzes über den Schutz des Urheberrechts und anderer mit seiner Ausübung verbundener Rechte[118] zählt den Urheber des Drehbuches zusammen mit dem Urheber der Musik und dem künstlerischen Leiter zu den Miturhebern des Filmwerks. Art. 14 Abs. 2 des griechischen Gesetzes über das geistige Eigentum[119] rechnet zu den künstlerischen Beiträgen, aus denen die Filmwerke bestehen, außer der Musik und der Regie das Drehbuch als Urheberleistung[120]. Desgleichen bezeichnet Art. 17 des portugiesischen Gesetzesdekretes vom 27. 4. 1966[121] neben dem Hersteller die Urheber der literarischen Vorlage als Miturheber der gemeinsamen Schöpfung Filmwerk.

bb) Die geistig vorweggenommene Bild- und Tonfolge

Ferner erweckt die Behauptung, das Drehbuch sei ein Werk der Literatur, mit der Begründung, das Filmwerk könne erst mit der Umsetzung des Drehbuches in Bilder, also erst mit den Filmaufnahmen entstehen, den Eindruck einer allzu mechanischen Betrachtungsweise, die sich an den Werkträger klammert und dem geistigen Werkbegriff, wie ihn gerade das Urheberrechtsgesetz fordert, nicht gerecht wird.

§ 2 Abs. 2 UrhG betont ausdrücklich die „geistigen" Schöpfungen. Die gleiche Vorschrift schützt in Abs. 1 Nr. 1 auch Reden, also solche Werke, bei denen eine Aufzeichnung auf einen Werkträger nicht notwendige Voraussetzung ist. Für das Filmrecht macht § 94 UrhG einen Unterschied zwischen dem Bild- und Tonträger einerseits und dem Filmwerk

---

[117] Bundesgesetz vom 9. 4. 1936 über das Urheberrecht an Werken der Literatur und Kunnst und über verwandte Schutzrechte (Urheberrechtsgesetz) in der Fassung der Bundesgesetze vom 14. 7. 1949 und vom 8. 7. 1953 (Urheberrechtsgesetznovelle 1953), abgedruckt in Möhring-Schulze-Ulmer-Zweigert, Österreich/II.

[118] Gesetz Nr. 633 vom 22. 4. 1941 über den Schutz des Urheberrechts und anderer mit seiner Ausübung verbundener Rechte, abgedruckt in Möhring-Schulze-Ulmer-Zweigert, Italien/II.

[119] Gesetz 2387/1920 über das geistige Eigentum, abgedruckt und übersetzt in Möhring-Schulze-Ulmer-Zweigert, Griechenland/II.

[120] Oekonomides in UFITA-Schriftenreihe, Heft 35, S. 135 ff., 164.

[121] Gesetzesdekret Nr. 46980 vom 27. 4. 1966, abgedruckt und übersetzt in Möhring-Schule-Ulmer-Zweigert, Portugal/II.

andererseits. Das Gesetz bringt damit zum Ausdruck, daß der Begriff des Filmwerks unabhängig vom Aufnahmematerial und -verfahren besteht. Das Filmwerk ist eine vom Aufnahmematerial gelöste Bild- und Tonfolge[122]. Ist aber der jeweilige Werkträger so nebensächlich, so kann ihm im Falle der Dreharbeiten nicht die charakteristische Bedeutung beigemessen werden, die ihm die Befürworter eines literarischen Drehbuches verleihen wollen. Im Gegenteil, die schöpferische Leistung im urheberrechtlichen Sinne, die filmische Bild- und Tonfolge, ist mit dem Regiebuch als Gestaltungsplan, als Bildpartitur, zu einem wesentlichen Teil schon erbracht. Bei der Ausführlichkeit der horizontalen und vertikalen Gliederung, bei der beschreibenden Darstellung optisch-akustischer Vorgänge, wie sie der Filmstoff unter maßgeblicher Mitwirkung des Regisseurs erfährt, ist das Filmwerk in seinem geistigen Fundament festgelegt[123]. Hierher, in den Bereich der Schöpfung von Bild- und Tonfolge, nicht erst in die Phase der Bilderzeugung, ist bei einem geistigen Werkbegriff der Beginn der Verfilmung zu verlegen[124]. Dem Regisseur obliegt bei den Dreharbeiten die urheberrechtliche Aufgabe, das Werk auszuformen, das vorhandene Gewebe zu verdichten und damit die Schöpfung zu vollenden. Darin liegt seine Formgebung, seine nachbildende Tätigkeit, seine zusätzliche Autorenfunktion[125]. Die gesamte übrige Tätigkeit des Regisseurs ist Interpretation, Ausführung, in ihrem künstlerischen Gehalt nicht weniger wertvoll, aber keine Werkschöpfung, kein Filmschaffen im urheberrechtlichen Sinne[126]. „Die Leute, welche behaupten, daß die Herstellung eines Films erst mit der Realisierung und durch sie erfolge, übersehen die Bedeutung der Bildpartitur für die Herstellung ....", sagt *Iros* und fährt fort: „So wenig ein Strom von seiner Quelle getrennt werden kann, so wenig ist eine Tren-

---

[122] Amtl. Begr. vor § 98 RegE, BTDrucks. IV/270, S. 97 f.
[123] Ulmer in GRUR 1955, 520;
Dadek, Filmwirtschaft, S. 25.
[124] Bergner, Bd. 1/I, S. 53;
Eckstein, S. 39;
von Gamm, FilmR, S. 18;
Hubmann, InterGU, Bd. 26, S. 11 ff.;
Iros, S. 74;
Spaic, InterGU, Bd. 26, S. 42;
Sutermeister, S. 32.
[125] Iros, S. 41, 43 47;
Leinweber in GRUR 1971, 149 f;
Ulmer in GRUR 1955, 520;
BGH in GRUR 1971, 35 ff. = UFITA Bd. 60 (1971) S. 247 ff.;
OLG Koblenz in GRUR AIT. 1968, 164 ff., 165.
[126] Ulmer, § 35 III 2 a.

nung der Realisierung von der Bildpartitur denkbar. Erst beide zusammen ergeben einen Film"[127]. An anderer Stelle führt er in diesem Zusammenhange aus: „Wer die fundamentale Bedeutung des in der Filmpartitur fixierten Phantasieproduktes anzweifelt und bestreitet, daß in der Filmpartitur alle wesentlichen Einzelheiten des fertigen Films anschaulich dargestellt sein müssen, verkennt die Grundlagen seriöser Filmgestaltung"[128]. Der geistige Werkbegriff des neuen Filmrechts steht in einem engen gedanklichen Zusammenhang mit *Kohlers* Lehre von der inneren und äußeren Form eines Werkes. Was ist das Drehbuch anderes als eine Fixierung „der Art und Weise, wie der Autor seinen Ideen nahetritt, wie er sie als Haupt- und Nebenfiguren gruppiert und zu Felde führt"? Im Drehbuch wird „die Form der Ideenfolge, Ideengruppierung und Ideenbewegung, die Eigenart der Assoziation, Verbindung und Abstoßung von Ideen, überhaupt die individuelle Besonderheit der psychischen Mechanik"[129] festgelegt. Das „imaginäre Bild" des künftigen Films wird bereits im Drehbuch entworfen und fixiert. Das Drehbuch stellt die innere Form des Filmwerks dar[130]. Mehr noch, es beschränkt sich nicht auf die inneren Elemente, etwa der Themenstellung, sonstigen Ideen, Theorien, Lehren; es enthält darüber hinaus auch äußere Darstellungsmittel wie die besondere Manier, den Stil, die Arbeitstechnik, die Form[131].

Daran ändert der Umstand nichts, daß nicht jede Einzelheit der Filmszenen in der Bildpartitur niedergelegt ist, ja die letzte schöpferische Ausgestaltung der Phantasie, der Improvisation und dem Experiment des Regisseurs bei den Filmaufnahmen vorbehalten bleibt. Der Umfang solcher Schöpfungen des Augenblicks ist begrenzt und wird nicht selten in seiner urheberrechtlichen Bedeutung überschätzt. Das Urheberrechtsgesetz unterscheidet deutlich zwischen den auf einer Schöpfung beruhenden Urheberrechten und den angrenzenden Rechten der ausübenden Künstler, die aus den Akten der Darstellung und der Aufnahme erwachsen. Bei den eigentlichen Filmarbeiten verbinden sich für den Filmregisseur Akte geistiger Schöpfungen mit den Akten künstlerisch-technischer Ausführungen[132]. Im Gegensatz zu der Drehbuchüberarbeitung liegt jedoch bei den Filmaufnahmen der Schwerpunkt

---

[127] I r o s, S. 175.
[128] I r o s, S. 47.
[129] S. o. S. 23, 24.
[130] B a r t h, a. a. O., S. 29.
H u b m a n n, S. 31 f.
[131] von G a m m, FilmR, S. 2 f.
[132] U l m e r, § 26 IV 1.

der Regietätigkeit auf der Darstellung und Interpretation[133]. Insoweit gehört der Filmregisseur zu den ausübenden Künstlern wie der Dirigent oder Theaterregisseur[134].

Der Auffassung, daß der Verfilmungsvorgang bereits durch die Herstellung des Regiebuches eingeleitet wird, müßten sich konsequenterweise auch alle diejenigen anschließen, die den Film als ein Gesamtwerk[135] und den Drehbuchautor als Miturheber des Filmwerks[136] ansehen. Wer das eine oder andere oder beides bejaht, räumt ein, daß die Schöpfung des Drehbuchautors und des überarbeitenden Regisseurs das erste Stadium des Filmschaffens in Form einer schöpferischen Koordination wichtiger filmischer Einzelleistungen darstellt.

Ausgehend vom geistigen Werkbegriff und von dem Film als Gesamtwerk kommt man daher zu dem Ergebnis, daß der Begriff des Filmwerks unter die Decke der Erscheinung zurückzuverlegen ist[137]. Die Verfilmung im urheberrechtlichen Sinne beginnt schon mit dem Regiebuch[138]. Dieses stellt nicht nur den Filmstoff dar, es ist zugleich auch dazu bestimmt, den Stoff vor das Objektiv der Filmkamera zu bringen und auf diese Weise unmittelbar in den Film einzugehen[139]. Die entgegengesetzte Auffassung, das Filmwerk entstehe erst mit den Dreharbeiten, würde wichtige geistige Fundamente aus dem Begriff des Filmwerks ausgliedern und im wesentlichen nur das Spiel der ausübenden Künstler und die Fixierung auf dem Filmband übrig lassen, also gerade dasjenige, was nach allgemeiner Regel nicht Gegenstand des Urheberrechts ist. Was Objekt eines angrenzenden Rechts ist, kann nicht Objekt eines Urheberrechts sein. „Gegenstand des Urheberrechts ist

---

[133] U l m e r in GRUR 1955, 520 f.;
L e i n v e b e r in GRUR 1955, 520 f.;
von G a m m, FilmR, S. 19.

[134] B e r g n e r, Bd. 1/I, S. 48 f.;
I r o s, S. 47.

[135] S. o. Fn. 5, 20.

[136] S. o. Fn. 124.

[137] E l s t e r in UFITA Bd. 2 (1929) S. 603.

[138] E c k s t e i n, S. 31 ff.;
D a d e k, Filmwirtschaft, S. 25;
von G a m m, FilmR, S. 18.
H u b m a n n, InterGU, Bd. 26, S. 12;
I r o s, S. 41;
S p a i c, InterGU, Bd. 26, S. 42;
V o i g t l ä n d e r - E l s t e r - K l e i n e, 1952, Anm. 2 e zu § 12 LitUG;
U l m e r, § 35 III 2 a.

[139] G r e c o in UFITA-Schriftenreihe, Heft 10, S. 23 ff., 24, 25.

nicht der Schmetterling, sondern die Raupe", sagt *Ulmer* in einem treffenden Vergleich[140].

cc) Die Ersatzfunktion der Sprache

Die Gegner dieser Auffassung können sich ferner nicht darauf berufen, daß mit dem Drehbuch noch ein Sprachwerk im Sinne des § 2 Abs. 1 Nr. 1 UG vorliege. Auch das wäre eine Deutung des Drehbuches, die an der äußeren Erscheinung haften würde. Niemand kann leugnen, daß das Drehbuch eine individuelle Gedankendarstellung in Sprach- bzw. Schriftform enthält. Jedoch hat schon *Barth* darauf hingewiesen, daß die Sprachform des Drehbuches nicht das objektiv geeignete, sondern das hilfsweise angewandte Mittel zur Gestaltung eines Werkes ist, dem eigentlich ein anderes Ausdrucksmittel immanent ist[141]. Das bedarf einer näheren Erläuterung.

Man kann im Drehbuch drei Arten der Sprachanwendung unterscheiden[142]. Es gibt einmal den Dialog, der im fertigen Filmwerk unverändert wiederkehrt. Er ist der durch die Sprache unmittelbar wiedergegebene, selbstdarstellerische Teil im Gestaltungsplan Drehbuch. Mit dieser verbalen Direktdarstellung, die am ehesten Anspruch auf ein Werk der Literatur erheben könnte, kommt der Gestaltungsplan aber bei weitem nicht aus. Mimik, Gestik, Handlungsschauplätze, Kameraführung und andere Daten müssen ebenfalls festgelegt werden. Das könnte theoretisch ebenfalls auf unmittelbare Weise geschehen, durch eine bildliche Darstellung. In amerikanischen Drehbüchern benutzt man tatsächlich die graphische Methode zur Darstellung der jeweils vorgesehenen Kamerastandorte und -bewegungen[143]. Ein solches Verfahren gilt jedoch als unzweckmäßig. Man bedient sich der Beschreibung durch das Wort und dessen schriftlicher Niederlegung im Drehbuch. Auch hier liegt eine verbale Darstellung vor, die sich aber von der ersteren dadurch unterscheidet, daß sie lediglich indirekt übermittelt und nur hilfsweise herangezogen wird.

Noch mittelbarer wirkt die Dritte Form der Sprachanwendung im Drehbuch. Wo sprachliche Selbstdarstellung und hilfsweise Beschreibung optisch-akustischer Vorgänge nicht ausreichen, um den Planinhalt mit höchster Deutlichkeit auszustatten, kommt die (verbale) Erläuterung

---

[140] U l m e r in GRUR 1955, 520.
[141] B a r t h, a. a. O., S. 34; ebenso G u t b r o d, a a. O., S. 536.
[142] B e r g n e r, Bd. 1/IV, S. 42 ff.
[143] B e r g n e r, a. a. O., S. 43, Fn. 35.

hinzu. Man kann sie eigentlich nicht mehr als sprachliche Darstellung des Filmwerks ansehen; sie bezieht sich kommentierend auf bereits vorhandene Plandaten. Typische Erläuterungen sind Hinweise des Drehbuches auf Motive, die dem Handeln einer Person in einer bestimmten Situation unterstellt werden, um den hinter ihr stehenden dramatischen Gedanken besonders zu erklären. Gleiches gilt für die Schilderung eines Seelenzustandes einer Person. Die Erläuterungen können sich aber ebenso auf technische Anweisungen erstrecken, etwa weshalb die Kameraführung so und nicht anders zu erfolgen habe[144].

Hinzu kommt noch etwas, das zwischen den Zeilen des Drehbuches steht. Dialog und Beschreibung sind vollkommen auf die filmische Darstellung ausgerichtet. Das reicht vom dramaturgischen Aufbau bis zur Einplanung der technischen Verfahren. Das Drehbuch eines Schwarzweißfilms unterscheidet sich von dem eines Buntfilms, auch wenn der dargestellte Stoff der gleiche ist. Die Gesetze der Schatten-Licht-Gestaltung sind für den Farbenfilm unanwendbar. Die Farben haben eine ganz andere Wirkung auf die Zuschauer. Bei Buntaufnahmen wechselt die dynamische Bedeutung des Inhalt; eine Nahaufnahme wirkt besonders intensiv, eine Darstellung desselben Objekts innerhalb der Totale unverhältmäßig bedeutungslos. Das beeinflußt die Geschwindigkeit des Wechsels von Einstellungen, Szenen oder Überblendungen[145]. Ferner spielt das Filmformat schon im Drehbuch eine wichtige Rolle. Normale Größe oder Breitwandformat bedingen Darstellungsweisen, die den unterschiedlichen optischen Wirkungen anzupassen sind[146]. Bei einer guten Bilderkomposition müssen diese künstlerisch-technischen Besonderheiten beachtet und bei der Ausgestaltung der einzelnen Szenen bereits im Text verarbeitet sein.

Aus alledem geht hervor, daß der Sprache und ihrer schriftlichen Niederlegung im Drehbuch weitgehend eine Ersatzfunktion zukommt. So weist *Fagg* darauf hin, daß der Verfasser des Drehbuches nicht mit dem eine unmittelbare künstlerische Wirkung erzeugen wolle, was er schreibe; vielmehr solle die Wirkung erst mit dem erzeugt werden, was aus dem Geschriebenen werde. Der Drehbuchautor schreibe nicht, sondern beschreibe die Endform seiner Vorstellung[147]. Das Gleiche meint *Iros,* wenn er sagt, die Bildpartitur könne kein literarisches Werk

---

[144] Bergner, a.a.O., S. 42 ff.
[145] Bergner, a.a.O., S. 52 ff.; Iros, S. 75 ff.
[146] Bergner, a.a.O. S., 53 f.
[147] Fagg, S. 11 f.

sein, weil sie ausschließlich auf eine Realisierung gerichtet sei und in der Regel nach der Realisierung überflüssig werde, während die literarischen Werke ihren selbständigen Wert behielten[148]. Auch *Hubmann* hält die Tatsache, daß sich das Drehbuch zur Beschreibung der einzelnen Szenen der Worte, nicht der Bilder bediene, für ebenso unschädlich wie die Tatsache, daß die Fixierung eines Werkes der Tonkunst in Noten und nicht in Tönen erfolge[149]. *Haeger* behauptet zwar, daß das Drehbuch seiner Form nach ein literarisches Werk sei, räumt aber zugleich ein, daß es nur ein Gestaltungselement für das Filmwerk sei und daß es mit der Formgebung des Films in ihm aufgehe[150].

In jeder dieser Stellungnahmen kommt mittelbar der zutreffende Gedanke zum Ausdruck, daß bei der Bestimmung der Werkgattung das geistige Erzeugnis nicht isoliert für sich betrachtet werden darf, sofern es sich nicht um die „Endform", sondern erst um einen Entwurf, einen Gestaltungsplan handelt. Der Entwurf empfängt seinen Werkcharakter nicht nach seinem augenblicklichen Erscheinungsbild, sondern von dem aus ihm entwickelten, vollendeten Werk. Ist dieses ein Werk der Literatur, so ist der ihm vorausgehende Entwurf ebenfalls literarischer Natur, gleichgültig, ob er in Schriftform, graphisch oder auf andere Weise niedergelegt ist. Bei pantomimischen Werken einschließlich der Werke der Tanzkunst würde ebenso wie bei Musikwerken niemand auf den Gedanken kommen, daß deren schriftlicher Entwurf ein Schriftwerk sein könnte. Die Choreographie kennt eine ausführliche und komplizierte Tanzschrift[151]. Obgleich es sich formell um eine Schrift handelt, liegt hier kein Schriftwerk, sondern bereits ein pantomimisches Werk vor. *Von Laban* forderte von dem damaligen Gesetzgeber eine Einfügung in § 1 LitUG für die Urheber choreographischer und pantomimischer Werke, wobei es als stillschweigende Voraussetzung zu gelten habe, daß sie ihren objektiv erfaßbaren Niederschlag mittels Tanzschrift gefunden hätten[152]. Nichts anderes gilt für den Film. Entsteht ein Filmwerk, dann ist schon sein Gestaltungsplan, das Drehbuch, der objektiv erfaßbare Niederschlag, unabhängig von der äußeren Erscheinungsform dem Filmschaffen hinzuzurechnen. *Elster* hat diesen Gedanken in einem bildlichen Vergleich dargestellt. Die Idee eines Werkes sei ein status nascendi, der Entwurf die Geburt des Werkes. Dieses

[148] I r o s, S. 74.
[149] H u b m a n n, InterGU, Bd. 26, S. 11 ff.; ebenso A n d r i t z k i, 1931, S. 23 ff.
[150] H a e g e r in NJW 1959, 656 f.
[151] von L a b a n in UFITA Bd. 2 (1929), S. 631 ff.
[152] von L a b a n, S. 636.

entwickle sich bis zum Stadium des Erwachsenseins fort. Das Aussehen bei der Geburt weiche naturgemäß von dem der Pubertät oder gar des Erwachsenseins ab. Dennoch sei das Werk seinem Wesen nach von der Geburt ab schon vorhanden[153]. Die Parallele zu *Ulmers* Vergleich von Raupe und Schmetterling[154] und dem Beispiel *Iros'* von Quelle und Strom[155] ist unverkennbar.

dd) Die Bedeutung der Dialoge

Die Gegner der hier vertretenen Ansicht könnten nunmehr einwenden, zumindest die Dialoge des Drehbuches wiesen als schöpferische Leistung die Eigenschaften eines Sprachwerkes auf, da sie nicht in Bilder umgewandelt würden, sondern im Film unverändert erhalten blieben[156]. Dieser Einwand wäre berechtigt, wenn dem Dialog im Filmwerk tragende Bedeutung zukäme. Das wird jedoch allgemein verneint. Bereits *Goldbaum* forderte für den Spielfilm einen knappen dramatischen Dialog, weil „gefilmtes Theater" langweilen würde[157]. Nicht der Dialog macht das Wesen des Filmwerks aus, sondern das „bildhafte Fließen einer Erzählung" *(Goldbaum).* Die Wirkungslosigkeit nur vom Dialog her dramatischer Filme kann jeder an sich selbst beobachten[158]. Mit *Iros* ist davon auszugehen, daß das Bild gegenüber dem Wort eine Vorrangstellung einnimmt. Falls die Wortsprache im Film beherrschend wäre, würde nicht Raum genug für ein Bildgeschehen sein. Ein gleichwertiges Nebeneinander von realistischer Bildsprache und dichterischer Wortsprache würde gegen das Gesetz der Stileinheit verstoßen. Die dichterisch gehobene Wortsprache müßte als Fremdkörper innerhalb der realistischen Bildsprache und diese, bei überwiegender Bedeutung der Wortdichtung, als profanes Element in dichterischer Sphäre empfunden werden. Der Film müßte auf den Reichtum seiner spezifischen Möglichkeiten verzichten, um nicht spezifischen Gestaltungsmitteln den Vorrang zu lassen[159]. Das Wort im Film, so meint *Iros,* sei nicht Substanz, sondern nur Ergänzung des Bildes. Auch der Bildhauer könne seinen Skulpturen Farbe verleihen, aber es würde nicht nach den Gesetzen der Malerei, sondern nach denen der Bildhauerei geschehen. Das Wort als differenzierendes und vertiefendes Element könne deuten,

---

[153] Elster in UFITA Bd. 2 (1929) S. 602.
[154] S. o. S. 38.
[155] S. o. S. 35.
[156] Wipf, S. 45 f.
[157] Goldbaum, 1929, S. 34 f.
[158] Nehmiz, 1935, S. 79 ff.
[159] Iros, S. 103 ff.

mitbegründen, vorausweisen und psychologisch vertiefen. Als dynamisches Element vermöge es zu beleben, steigern und kontrapunktieren, jedoch stehe es immer an letzter Stelle. „Die Anschaulichkeit des Bildgeschehens", sagt *Iros*, „ist bei einer einwandfreien Bildpartitur so vollkommen, daß auf dem Weg von dieser zur Phantasiewahrnehmung des Filmdarstellers keine begrifflich-gedanklichen Hemmungen liegen. Der Filmdarsteller erlebt vielmehr die Bildkomposition des guten Filmautors durchaus unmittelbar. Der Quell seiner Darstellung ist also die reine Phantasievorstellung, die sich (im Gegensatz zum Bühnenwerk)[160] ohne Umweg über abstrakte Denktätigkeit auf die Gefühls- und Erlebnisebene des Filmdarstellers projiziert. Aus diesem unmittelbar aus der Bildsprache kommenden Erlebnis heraus formt sich in der gleichen Unmittelbarkeit die gestische Darstellung; erst daraus erwächst das Wort, dem Gestischen untertan, sein bescheidener Trabant und anspruchsloser Diener"[161]. Die untergeordnete Bedeutung des Wortes im Film ist bei fremdsprachigen Spielfilmen deutlich erkennbar. Dort genügen oft stichwortartige Untertitel, um die Handlung verständlich zu machen. Auch teilweise sehr schlechte, schablonenhafte Synchronisationen können qualifizierten ausländischen Filmerzeugnissen nur wenig von ihrer Aussagekraft nehmen.

Insoweit unterscheidet sich der Spielfilm wesentlich von einem vergleichbaren literarischen Werk, etwa einem Theaterstück. Ihnen ist lediglich gemeinsam, daß sie in der Zeitenfolge stehen und eine Handlung wiedergeben. Sie sind sich im übrigen kaum näher als einem Werk der Musik oder Malerei. Das ist früher nicht immer erkannt worden und mag seinen Grund darin haben, daß man bei der Entdeckung dieser neuen Darstellungsmöglichkeit bemüht war, sie in bereits vorhandene Vorstellungen einzuordnen. Dabei boten sich die Werke der Literatur am ehesten an. Teilweise galten Filme als Werke der Literatur im allgemeinen und als Schriftwerke im besonderen[162]. Vielfach photographierte man damals Theater; es wurde verfilmtes Theater daraus[163].

---

[160] Anm. des Verfassers.

[161] Iros, S. 110;
ebenso Streicher, S. 98 f.;
Berthold / von Hartlieb, S. 32;
Hagemann, 1952, S. 73.

[162] Goldbaum, 1927, S. 217;
Haeger in UFITA-Schriftenreihe, Heft 9, S. 12;
Schilling, 1934, S. 44 ff.;
Voigtländer-Elster-Kleine, Anm. F 1 zu § 1 LitUG;
KG in JW 1923, 1457.

[163] René Clair, S. 17.

Heute hat sich die gegenteilige Auffassung vom Film als einer selbständigen Werkgattung sowohl unter den Fachleuten des Films als auch unter den Juristen allgemein durchgesetzt. Die Filmleute gehen davon aus, daß bei einem Bühnenstück oder epischen Werk der Autor mit seinen Worten Verstand und Phantasie anspreche, während sich das Filmwerk an die Sinne des Betrachtenden wende[164]. Sei bei einem Schriftwerk alles Wesentliche vorwiegend abstrakter Art, der ethische oder kulturelle Gedanke, die Charaktere, die innere Kausalität, so sei das Filmstück auf bildliche Mitteilbarkeit gearbeitet[165]. Erlebt werde das Geschehen in der Dichtung durch das Medium der Wortsprache als Vorstellung und Überlegung, im Film durch die realistische Bildsprache unmittelbar[166]. Das Wort des Dichters erwecke eine Vielzahl von Bildern und Vorstellungen der Phantasie aus Bereichen des mittelbaren oder unmittelbaren eigenen Erlebens und vermische alles zu einem neuen Erlebnis, während umgekehrt der Film die Phantasie beschneide und alle denkbaren Vorstellungen auf eine konkrete Bildreihe reduziere[167], um so mit seinen suggestiven Mitteln ein Geschehen für viele, auch die weniger Phantasiebegabten, nachdrücklich erlebbar machen zu können[168]. In der Welt der Dichter, Denkenden, Schreibenden herrsche das Wort, das magische Wort, hinter dem sich viel mehr verberge, als es rein sachlich auszudrücken vermöge. In der Welt des Films dagegen regiere das magische Bild[169].

In der Tat gibt es Bereiche, die durch die Ausdrucksfähigkeit der Bildsprache weit besser wiedergegeben werden können. Einblendungen von Dokumentaraufnahmen in einem Spielfilm erzeugen Vorstellungen und Eindrücke, die durch ein geschriebenes oder gesprochenes Werk nur unvollkommen erreicht werden könnten. Der moderne Film hat solche Einblendungen, etwa Schwarzweißaufnahmen oder in einem bestimmten Farbton eingefärbte Passagen in einem Farbfilm, zu einem regelrechten Stilmittel entwickelt. Durch derartige Einblendungen können verschiedene Zeiten oder Ereignisse, die vor der eigentlichen Spielhandlung oder in der Vorstellung der gefilmten Personen liegen, sichtbar dargestellt und von den Zuschauern verstanden werden, eine Mög-

---

[164] Müller, S. 208.
[165] Lion in GRUR 1927, 219.
[166] Iros, S. 86, 90;
Dadek, S. 171 ff.;
Feldmann, 1961, S. 33, 36.
[167] Haake, S. 123.
[168] Dadek, Filmwirtschaft, S. 33; ders. Filmmedium, S. 9.
[169] Schmidt, 1961, S. 117.

lichkeit, die dem Bühnenstück nicht zur Verfügung steht. Auch eine Übersteigerung des Details gibt der Bildsprache eine unvergleichliche Wirkung. Ein Gesicht, der Ausdruck eines Augenpaares, das Lächeln eines Mundes auf der ganzen Größe der Leinwand kann von einer solchen Aussagekraft sein, wie sie die Worte eines literarischen Werkes im Buch oder auf der Bühne nicht zu entfalten vermögen.

Längst haben sich die Juristen dem Standpunkt der Filmleute angeschlossen und den Tonfilm zu einem opus sui generis erklärt, das mit einem Bühnenstück nicht verglichen werden könne[170]. *Baum*[171] und insbesondere *Ulmer*[172] wiesen erstmals darauf hin, daß Schauspiele mit dem Dramenbuch im urheberrechtlichen Sinne vollendet sind, während sich beim Film die Sphäre der Schöpfung mit dem Bereich der Darstellung und der Aufnahme verbinde. Heute kann als herrschende Meinung gelten, daß der Spielfilm im Gegensatz zum literarischen Werk ein vorwiegend optisch ausgerichtetes Gesamtwerk darstellt, in welchem schöpferische Beiträge und Leistungen ausübender Künstler nach dem Plan des Drehbuches aufeinander abgestimmt, verschmolzen und technisch fixiert werden[173].

Spielen aber – im Gegensatz zu den Werken der Literatur, insbesondere den Bühnenwerken – die Dialoge im Film nur eine untergeordnete Rolle, so können sie dem Drehbuch als dem Gestaltungsplan des Filmwerks nicht den Charakter eines literarischen Werkes verleihen.

ee) Sonstige Zugehörigkeitsmerkmale

Auch wirtschaftlich gesehen fällt das Drehbuch nicht mehr in den literarischen Bereich, sondern bereits in die Sphäre des Films. Die Praxis verfährt überwiegend in der Weise, daß die Produktionsfirmen den Stoff auswählen und ihn mit bestimmten Anweisungen bezüglich des Inhalts und des Gesamtcharakters des künftigen Films einem Team von zwei, nicht selten auch drei oder mehr Personen in Auftrag geben.

---

[170] Lion in GRUR 1927, 219;
Baum in UFITA Bd. 5 (1932) S. 486;
Hoffmann, S. 220 ff.

[171] UFITA a. a. O.

[172] GRUR 1954, 493 ff., 495 ff.;
GRUR 1955, 518 ff.

[173] S. o. Fn. 20;
ferner Haeger in UFITA Bd. 22 (1956/II), S. 59, 62;
von Gamm, UG, Rdz. 3 zu § 89;
Amtl Begr. zu § 2 RegE, BTDrucks. IV/270, S. 37 f.

Vielfach stehen die Kräfte, die zur Bearbeitung der Manuskripte herangezogen werden, in einem festen Vertrag zu den Unternehmen. Schöpfer des Drehbuches sind nicht freischaffende Schriftsteller, sondern Leute der Filmbranche, denen sich der Regisseur zugesellt[174].

Schließlich können auch rechtspolitische Überlegungen, insbesondere der Gedanke von der Schutzwürdigkeit einer geistigen Leistung, soweit das kulturelle Leben sie erfordert[175], zu keinem anderen Ergebnis führen. Nach dem Urheberrechtsgesetz ist derjenige, der sich an einer Verfilmung schöpferisch beteiligt, nicht restlos gestellt; er erwirbt ein Miturheberrecht am Filmwerk. Daß darüber hinaus dem Drehbuchautor nach geltendem Recht noch ein selbständiges Urheberrecht an dem Drehbuch zustehen soll, hat schon *Hubmann* mit Recht beanstandet[176]. Ebensowenig wäre es gerechtfertigt, das Drehbuch nur deswegen aus dem Filmschaffen auszuklammern, um die Zahl der Miturheber am Filmwerk zu verringern und dadurch den Rechtsverkehr zu vereinfachen. Derartige Zweckmäßigkeitserwägungen, die eines sachlichen Grundes entbehren, sind unzulässig.

3. Der gattungsmäßige Unterschied von Drehbuch und Treatment

Man kommt damit zu dem Ergebnis, daß das vom Regisseur überarbeitete Drehbuch keine literarische Vorlage, sondern schon Bestandteil des Filmwerks ist. Es fällt bereits in eine andere Gattung als das vorangehende Treatment, das noch als Sprachwerk anzusehen ist. Geht man von dem Grundsatz aus, daß eine Bearbeitung nur innerhalb derselben Werkgattung möglich ist[177], so erscheint zweifelhaft, ob das Drehbuch noch als eine Bearbeitung des Treatments angesprochen werden kann.

Nach *Fromm-Nordemann* ist die Verfilmung die einzige Ausnahme von dem Prinzip der Unvereinbarkeit zweier Werkgattungen[178]. Begründet wird diese Ansicht damit, daß ein sprachlich erfaßbarer und auszudrükkender Gedankeninhalt, in der Regel ein Sprachwerk, in eine bestimmte Bilderfolge umgesetzt werde[179], eine Auffassung, die hier abgelehnt worden ist[179a]. Wenn es allerdings einen vertretbaren Grund für

---

[174] Dadek, Filmwirtschaft, S. 26 f.
[175] Ulmer, § 20 IV.
[176] Hubmann, InterGU, Bd. 26, S. 24.
[177] S. o. S. 31.
[178] Fromm-Nordemann, Bem. 6 zu § 23; S. o. S. 29.
[179] Fromm-Nordemann, a. a. O., und Bem. 15 zu § 2.
[179a] Ebenso OLG München in UFITA Bd. 21 (1956/I) S. 81 ff., 83, für die Verfilmung eines lyrischen Werkes.

eine Ausnahme gäbe, dann in erster Linie den, daß das Treatment als literarisches Werk und das kurbelfertige Drehbuch als Bestandteil des Films so verwandte Werke seien, daß eine Umwandlung des einen in das andere einer Bearbeitung innerhalb derselben Werkgattung gleichgesetzt oder zumindest als "Bearbeitung eigener Art" bezeichnet werden könnte.

Indessen ist der Sprung zu groß, um noch von einer näheren Verwandtschaft sprechen zu können. Zwischen dem noch literarischen und dem schon filmischen Werk ist eine deutliche Zäsur erkennbar, welche die Sphäre der Literatur von der des Films trennt. Auf die Bedeutung des Drehbuchs als schriftliche Arbeitsvorbereitung, die auf einer ganz anderen Ebene als das allein künstlerisch ausgerichtete Treatment liegt, wurde bereits hingewiesen[180]. Ebenso ist das Drehbuch als künstlerisch-technische Darstellung des künftigen Spielfilms bekannt, die nicht nur sagt, was geschieht, sondern im Gegensatz zum Treatment vor allem auch, wie es geschieht[181]. Ferner kann die Verschiedenartigkeit der jeweiligen Autoren nicht übersehen werden. Wurden die Vorstufen des Films bis zum Treatment von Dichter nach dramaturgischen und sonstigen dichterischen Gesichtspunkten gestaltet, so treten nunmehr die Filmtechniker auf den Plan. Das Drehbuch wird von Leuten der Filmbranche entworfen und vollendet, die sich nicht literarischer, sondern filmischer Stilmittel bedienen[182]. Schließlich ändert sich auch die Bedeutung der Sprache; aus der Selbstdarstellung wird das Hilfsmittel zur theoretischen Umschreibung optisch-akustischer Vorgänge[183].

Treatment und Drehbuch unterscheiden sich folglich nicht nur nach ihrer Gattungszugehörigkeit, sondern nach ihrer spezifischen Bedeutung im Filmschaffen und in ihrer Darstellungsweise so erheblich voneinander, daß ihr Verhältnis nicht mehr unter den herkömmlichen Begriff der Bearbeitung subsumiert werden kann.

IV. Der Begriff der Umgestaltung oder Umarbeitung

Wie läßt sich dieser Arbeitsgang jedoch bezeichnen? *Müller* spricht in diesem Zusammenhang von einer „Verarbeitung"[184], *v. Gamm* von einer

---

[180] S. o. S. 38 f.
[181] S. o. S. 23 ff.
[182] S. o. S. 44 f.
[183] S. o. S. 38 ff.
[184] Müller, S. 109.

„Benutzung, Entlehnung, Entnahme“[185], *Ulmer* und *Kummer* von einem „Umgießen“ der Filmstoffe in die Bilderkomposition[186]. *Bussmann* weist auf den Wortlaut des § 23 Abs. 1 UG und der Amtlichen Begründung hin[187].

§ 23 spricht ausdrücklich von „Bearbeitungen oder anderen Umgestaltungen“. Demnach ist die Umgestaltung der allgemeinere, übergeordnete Begriff, die Bearbeitung als Unterfall nur eine Form von mehreren denkbaren Umgestaltungen[188]. Als Oberbegriff braucht die Umgestaltung nicht alle Merkmale einer Bearbeitung aufzuweisen. Wenn außerdem in § 39 UG der Begriff der „Änderung“ in die Terminologie des geltenden Rechts eingeführt worden ist, so folgt daraus, daß durch das Wort „Umgestaltung“ etwas ausgedrückt werden soll, was in dem Wort „Änderung“ nicht enthalten ist. Es geht um den Wortteil „Gestaltung“, der die eigene schöpferische Tätigkeit stärker herausstellt[189]. Unter einer Umgestaltung versteht man daher eine geistige Schöpfung, deren Verhältnis zu einem vorbestehenden Werk weniger eng ist als bei dem Begriff der Bearbeitung. Der Referentenentwurf von 1954 unterscheidet in den §§ 15 und 16 Bearbeitungen, Umgestaltungen und freie Benutzungen eines Werkes, läßt also schon aus der Reihenfolge eine fortschreitende Lockerung, eine Art Gefälle der Abhängigkeit von der bunutzten Vorlage erkennen. Das Wort Umgestaltung würde demnach eine Beibehaltung derselben Werkgattung begrifflich nicht unbedingt voraussetzen und damit für eine Beschreibung der Entwicklungsstufe Treatment-Drehbuch eher geeignet sein.

Bussmann weist ferner darauf hin, daß die Amtliche Begründung zu § 23 des Regierungsentwurfs den Begriff der Umarbeitung verwende, allerdings im Zusammenhang mit dem Plagiat. Das Wort Umarbeitung für sich genommen sei wertneutral; der Begriff besage, daß eine stärkere Einflußnahme auf das benutzte Werk erfolge als bei der Bearbeitung. Wenn man berücksichtige, welche Umgestaltungen beispielsweise bei der Verwertung eines Romans oder Bühnenstückes für ein Filmwerk vorgenommen würden, so könne man hier sicherlich von einer Umar-

---

[185] von G a m m, FilmR, S. 24.
[186] U l m e r, § 27 II, § 35 III;
K u m m e r, S. 165.
[187] B u s s m a n n, Festschrift für Möhring, 1965, S. 209.
[188] von G a m m, UG, Rdz. 5 zu § 3;
a. A. F r o m m - N o r d e m a n n, Rdz. 1 zu § 23;
M ö h r i n g - N i c o l i n i, Anm. 2a zu § 24.
[189] B u s s m a n n, a. a. O.
a. M. von G a m m, UG, Rdz. 8 zu § 23.

beitung sprechen[190]. *Bussmann* ist insoweit zuzustimmen. Auch die deutsche Fassung des Artikels 12 der RBÜ (Stockholm) lautet dahin, daß die Urheber von Werken der Literatur oder Kunst das ausschließliche Recht genössen, Bearbeitungen, Arrangements und „andere Umarbeitungen"[191] ihrer Werke zu erlauben. Ist daher die Verfilmung eines literarischen Werkes keine freie Benutzung im Sinne des § 24 UG, so würde man den Arbeitsgang zwischen Treatment und abgeschlossenem Drehbuch besser als Umgestaltung oder mit dem sprachlich zwar nicht schönen, aber treffenden Wort „Umarbeitung" bezeichnen.

---

[190] Bussmann, a. a. O.

[191] Engl., franz.: transformations.

E. Der Spielfilm und seine Beziehung zum Drehbuch

Es bleibt die Frage offen, wie die letzte Entwicklungsstufe Drehbuch–Film begrifflich einzuordnen ist.

I. Das Filmwerk als Vervielfältigung

Die namentlich in der älteren Lehre vertretene Auffassung, der Spielfilm sei eine bloße Vervielfältigung des Drehbuches, weil er ohne eine persönliche schöpferische Leistung der Beteiligten in das optisch-akustische Ausdrucksmittel überführt werde[192], kann als überholt angesehen werden. Die Ausformung der Bilderkomposition in die konkrete Bildersprache erfordert immer eine zusätzliche schöpferische Tätigkeit, eine zusätzliche Autorenfunktion[193] und damit mehr als eine Vervielfältigung. Daran ändert die Tatsache nichts, daß die Dialoge meist unverändert in den Film übernommen werden und – für sich gesehen – eine bloße Vervielfältigung darstellen. Den Dialogen kommt im Film keine tragende Bedeutung zu[194]. Außerdem sind sie ein fest eingefügter Bestandteil des Gesamtwerkes Film, der nicht willkürlich herausgetrennt und isoliert betrachtet werden kann[195]. Entscheidend ist der gesamte Arbeitsvorgang, der zwischen Drehbuch und fertigem Film liegt.

II. Die Komponententheorie

Eine andere Auffassung mißt dieser letzten Entwicklungsstufe einen besonders hohen Grad schöpferischer Tätigkeit bei[196]. Danach ist der Spielfilm ein Gesamtwerk, das Drehbuch aber nur eine von mehreren

---

192 Andritzki, 1931, S. 23 ff.;
Nehmitz, a. a. O., S. 79 ff.;
Schilling, a. a. O., S. 44 ff.

193 S. o. Fn. 125;
ferner Hubmann, 1966, § 16 II 4, § 25 I 2;
von Zelewski, 1935, S. 55.

194 S. o. S. 41 ff.

195 Fromm-Nordemann, Bem. 15 zu § 2;
Haeger, a. a. O., S. 62;
Hoffmann, 1935, S. 220 ff.

196 Haeger in UFITA Bd. 22 (1956/II), S. 55 ff., 57 f.;
Streicher, S. 98 ff.;
Wipf, S. 42 ff.

Komponenten dieses Gesamtwerkes. Mit der Festlegung des Handlungsablaufes und des Dialoges bilde es den literarischen Teil des Filmwerkes. Durch die Schöpfung des nach filmischen Gesichtspunkten aufgebauten, dialogisierten Handlungsablaufes werde ein integrierender Bestandteil des Filmwerkes geschaffen.

Zu der literarischen trete die spezifisch filmische Komponente. Die im Drehbuch andeutungsweise beschriebene Phantasievorstellung müsse eine Konkretisierung erfahren, die nicht denkbar sei ohne die geistig-schöpferische Tätigkeit des Regisseurs. Der Regieakt sei keine Bearbeitung des Drehbuches, sondern ein dem Drehbuchakt gleichgeordnetes Schaffen. Wohl halte sich der Regisseur an den im Drehbuch vorgeschriebenen Handlungsablauf. Die Art jedoch, wie die Handlung filmisch darzustellen sei, überlasse der Drehbuchautor dem Regisseur. Die im Drehbuch enthaltenen Bildbeschreibungen hätten für den Regisseur höchstens die Bedeutung von Anregungen; dieser schaffe die filmgerechte Form nicht nach, sondern entwickle sie erstmalig.

Hinzu komme als dritte Komponente die Zweck-Filmmusik, die der Filmkomponist ohne ein konkretes, im Drehbuch enthaltenes Vorbild aus freier Phantasietätigkeit heraus entwickle. Sie werde durch einen separaten geistigen Schaffensakt als integrierender Bestandteil dem Filmwerk einverleibt. Die Schöpfer der drei Filmkomponenten seien in ihrer freien, unabhängigen Geistesarbeit nur soweit eingeschränkt, als die Wechselwirkung der Komponenten eine enge Zusammenarbeit bedingten[197].

Zutreffend an dieser Auffassung ist, daß der Film ein Gesamtwerk darstellt[198]. Von anderen Werkarten unterscheidet sich das Filmwerk vor allem durch den großen Kreis der an seiner Herstellung beteiligten Personen. In der Regel erbringen viele dieser Personen schöpferische Beiträge, nicht nur der Drehbuchautor und der Regisseur, sondern namentlich auch der Kameramann, der Cutter und der Komponist[199]. Alle diese Leistungen durchdringen sich gegenseitig und stehen in einer Wechselbeziehung zueinander[200]. Die einzelnen urheberrechtli-

---

[197] Streicher, a.a.O.

[198] Dadek, Filmwirtschaft, S. 36;
Fromm-Nordemann, Bem. 15 zu § 2;
von Gamm, UG, Rdz. 3 zu § 89;
Haeger, a.a.O., S. 62;
BGHZ 9, 262 ff., 264, 268.

[199] Amtl. Begr. zum 3. Teil, 1. Abschnitt des RegE, vor § 98
BTDrucks IV/270 S. 98.

[200] Greco in UFITA-Schriftenreihe, Heft 10, S. 34 ff., 25.

chen Beiträge werden in das Gesamtwerk Film gleichsam wie Quellen in ein neues Strombett geleitet[201].

Abzulehnen ist jedoch die Unterbewertung des (kurbelfertigen) Drehbuches und die Überbetonung der übrigen Filmbeiträge. Das Drehbuch ist mehr als eine literarische Komponente. Die Handlungsbeschreibung und die Dialoge können nicht aus dem Gesamtinhalt des Drehbuches herausgenommen und der Rest als bloße Anregung abgetan werden. Als Gestaltungsplan, als bereits schriftlich skizzierte innere Form des Filmwerks[202] ist das Drehbuch Hauptbestandteil des Spielfilms, der den übrigen Beteiligten nur noch die Möglichkeit einer Verdichtung des künstlerischen Ausdrucks und einer Ausformung des schon vorgezeichneten Inhalts gibt[203]. Alles andere ist bereits Interpretation, ausführende Tätigkeit und daher im urheberrechtlichen Sinne irrelevant[204].

Das gilt mit Einschränkungen auch für die Filmmusik, soweit sie noch eigens für den Film komponiert oder bearbeitet und nicht, wie es vielfach geschieht, den Tonkonserven eines Archivs entnommen wird. Die sog. Zweck-Filmmusik wird nur episodisch, nur für einzelne Filmszenen geschaffen. Sie bildet keinen einheitlichen Fluß wie die selbständige Komposition[205]. Sie ist keine autonome Musik, weil sie nur ein ergänzendes Element der Bildsprache darstellt[206], an diese gebunden und von ihr bestimmt[207]. „Wir gehen nicht ins Kino, um Musik zu hören", sagt *Mauris Jaubert*, „wir verlangen, daß sie die Eindrücke dessen, was wir auf der Leinwand sehen, vertieft und verlängert"[208]. Cum grano salis könnte man feststellen, daß diejenige Musik die beste Filmmusik ist, die man als Musik gar nicht wahrnimmt.

Die Zweck-Filmmusik unterliegt mithin den optischen Gesetzen des Films, sie bleibt ein Bestandteil des Akustischen wie Wort und Geräusch, die ihrerseits keine tragenden Kräfte des Filmwerks sind, sondern die führende Bildsprache lediglich unterstützen[209].

---

201 H a e g e r, a. a. O., S. 62.
202 S. o. S. 37.
203 S. o. S. 35 ff.
204 S. o. S. 36 f.
205 T r o l l e r, Bd. II, S. 702.
206 H a e g e r in UFITA Bd. 25 (1958/I) S. 166 ff., 211.
207 I r o s, S. 46.
208 zitiert bei I r o s a. a. O.
209 B e r g n e r, Bd. 1/I, S. 131;
G r o l l, 1937, S. 111;
I r o s, S. 124 f.

Im Ergebnis kann festgestellt werden, daß der Spielfilm nicht als Verschmelzung von drei selbständigen, aufeinander abgestimmten Komponenten, sondern als eine Weiterentwicklung und Ausführung des Gestaltungsplanes Drehbuch unter der Leitung des Regisseurs zu verstehen ist, die durch das Mittel der Zweck-Filmmusik in ihrem Ausdruck und in ihrer Aussagekraft vertieft wird[210]. Die Filmmusik ist integrierender Bestandteil des Filmwerks, aber nicht als Komponente des Filmschaffens, sondern als nachträglich eingefügtes, intensivierendes Moment, als Untermalung in dem bereits vorhandenen Kunstwerk Film[211]. Davon ausgenommen bleibt verständlicherweise die Musik, die als vorbestehendes, selbständiges Werk unverändert in die Bildfolge des Films eingeblendet wird und mit der Filmschöpfung in keinem ursächlichen Zusammenhang steht. Sie ist in keinem Falle Bestandteil des Films[212].

III. Die Umsetzung in das Filmwerk als Bearbeitung eigener Art

Eine dritte Meinung bezeichnet den Arbeitsgang Drehbuch—Filmwerk als eine Bearbeitung eigener Art[213]. Danach bildet das Drehbuch zwar die wesentlichste Unterlage für den herzustellenden Film. Außer dem Drehbuch würden aber noch andere Kunstwerke sowie die gesamte in das Bild eingegangene belebte und leblose Materie zur Gestaltung der Bilderkomposition verwendet[214]. Unter dem Generalnenner der Bilderkomposition (Drehbuch) vereinige der Film Gestaltungselemente der darstellenden Kunst, der bildenden Kunst und der Tonkunst, nehme ihnen das künstlerische Eigenleben und gebe ihnen unter der Souveränität der Bildpartitur filmische Existenz[215].

In der Tat scheint eine Bearbeitung im Sinne der altbekannten Kriterien[216] nicht vorzuliegen. Zwar ist das Ergebnis, der fertige Spielfilm, ein Werk, sogar ein Werk der gleichen Gattung, weil Drehbuch und Film das gleiche Werk in verschiedenen Entwicklungsstadien darstel-

---

210 I r o s, S. 46.
211 B e r g n e r, Bd. 1/I, S. 131;
I r o s, S. 124 ff.
212 von G a m m, UG, Rdz. 23 zu § 2;
N e h m i z, S. 86;
BGH in NJW 1962, 1006 ff. = UFITA Bd. 37 (1962/II) S. 212 ff.
213 S. o. S. 8.
214 W e r h a h n, S. 39 f.
215 I r o s, S. 74.
216 S. o. S. 15.

len[217]. Man kann wohl auch noch sagen, daß die Umsetzung in Bilder das (kurbelfertige) Drehbuch im Wesentlichen unberührt läßt; dort wird ausgeformt, was im Drehbuch bereits skizziert worden ist.

Schwerlich wird man aber behaupten können, das vorbestehende Werk, hier das Drehbuch, werde bestimmten Verhältnissen angepaßt und anderen Verwertungsmöglichkeiten zugeführt. Das Drehbuch ist schon Bestandteil des Filmwerks und bedarf keiner Anpassung mehr, sondern nur noch einer Ausformung und Ausführung. Wie bereits unter dem Gesichtspunkt der Verkehrsfähigkeit des Regiebuchs ausgeführt wurde[218], ist ferner die Umsetzung in den Film in aller Regel die einzige bestimmungsgemäße Verwertungsmöglichkeit. Die Urheber des Regiebuches denken und schaffen bereits in den Gesetzen des Films.

Schließlich trifft hier das letzte Merkmal einer Bearbeitung nicht zu, daß ein selbständiges Werk umgestaltet werde. Die Werkeigenschaft des Drehbuches ist im Hinblick auf die mangelnde Verkehrsfähigkeit bereits zweifelhaft; mit Sicherheit liegt aber kein selbständiges Werk vor[219]. Als Gestaltungsplan, als Entwurf des Filmwerks, der einer gesonderten Verwertung i. d. R. nicht zugänglich ist, steht das Drehbuch am Anfang des Filmschaffens, ist Bestandteil des Films[220] und daher gerade nicht selbständig.

Damit sieht man sich vor die schwierige Frage gestellt, wie der letzte Hauptarbeitsgang zu bezeichnen ist. Auf der einen Seite sind die Kriterien einer Bearbeitung nur teilweise erfüllt. Andererseits liegt so viel zusätzliche schöpferische Tätigkeit des Regisseurs in Form einer Verdichtung und Ausgestaltung vor, daß eine bloße Vervielfältigung ausscheidet. Die zusätzliche Autorenfunktion des Regisseurs ist aber wiederum nicht so überragend, daß man von einer freien Benutzung des Drehbuches sprechen könnte. Schließlich kommen die anderen filmurheberrechtlichen Beiträge des Filmkomponisten, des Kameramanns und anderer unmittelbar Beteiligter hinzu, durch welche die optische Sprache des Filmwerks in ihrer Aussagekraft bereichert und verstärkt wird. Diese Beiträge sind aber keine Bearbeitung von Teilen des Drehbuches; sie finden sich im Drehbuch höchstens in Form einer Anregung, die jedoch, insbesondere bei der Film-Zweckmusik, nicht den Grad eines Entwurfes oder Gestaltungsplans erreicht. Sie sind eine Art

[217] S. o. S 32 ff.

[218] S. o. S. 28 ff.

[219] Ulmer in GRUR 1955, 521 f.

[220] S. o. S. 32 ff., 45.

Nebenschöpfungen, den optischen Gesetzen des Films zwar untertan, aber ohne konkretes Vorbild im Drehbuch.

Im Hinblick auf die Tatsache, daß der Hauptvorgang in einer schöpferischen Umsetzung des Drehbuches besteht und innerhalb der gleichen Werkgattung erfolgt, ist der Begriff der Bearbeitung am nächstliegenden. Mit Rücksicht auf die fehlenden restlichen Merkmale einer Bearbeitung und auf die Nebenschöpfungen, die im Drehbuch keine Grundlage finden, ist eine Einschränkung geboten. Versteht man den Begriff einer „Bearbeitung eigener Art" so, dann ist die letzte Stufe einer Verfilmung zutreffend bezeichnet.

F. Die Bezeichnung des gesamten Verfilmungsvorganges

Bei den vielfältigen und zum Teil recht umfangreichen Arbeitsgängen zwischen vorbestehendem literarischem Werk und fertigem Spielfilm erscheint es unrichtig, den gesamten Verfilmungsvorgang unter dem herkömmlichen Begriff der Bearbeitung zusammenzufassen. Soweit es sich um die Entwicklungsstufen vorbestehendes Werk-Exposé-Treatment handelt, mag der Begriff Bearbeitung angehen, obgleich hier bereits eine Bearbeitung der Bearbeitung vorliegt. Beim Übergang zum (kurbelfertigen) Drehbuch kann rein begrifflich von einer weiteren Bearbeitung keine Rede mehr sein, weil die Umgestaltung in eine andere Werkgattung so tiefgreifend ist, daß sie die Dimensionen einer Bearbeitung übersteigt. Im letzten Teilabschnitt Drehbuch–Film und seinen Nebenschöpfungen mag wiederum eine „Bearbeitung eigener Art" liegen. Insgesamt gesehen entfernt sich jedoch der Spielfilm in der Art der Vermittlung des Geschehens so weit von der ursprünglichen literarischen Vorlage, daß der Bearbeitungsbegriff, wollte man ihn hier anwenden, überspannt würde.

I. Die Verfilmung als spezielle Nutzungsform

Wie aber soll man den Verfilmungsvorgang zutreffend bezeichnen? Es gibt im urheberrechtlich relevanten Schaffen kein Erzeugnis, das in der Vielfalt und Eigenart der Umgestaltung mit einer Verfilmung verglichen werden könnte. Im Urheberrecht besteht für die Verfilmung kein übergeordneter Begriff. Selbst eine Umgestaltung im Sinne der §§ 23, 88 Abs. 1 Nr. 3 UG oder eine Umarbeitung[221] vermögen den Vorgang nur unzureichend zu erfassen. Sie bringen zwar die mehrfache Umwandlung innerhalb des Arbeitsprozesses zum Ausdruck und sind weit genug, um auch die Übernahme in eine andere Werkgattung zu enthalten. Sie reichen aber nicht aus, um das Endprodukt, den fertigen Spielfilm, als Gesamtwerk zu charakterisieren, in welchem das vorbestehende literarische Werk über das Exposé, das Treatment und das Drehbuch zwar die wesentlichste, nicht aber die einzige Voraussetzung darstellt. Ferner unterscheiden sich die Begriffe der Umgestaltung der Umarbeitung nicht genügend von dem der Bearbeitung. Bei der urheberrechtlichen Wertung kommt es namentlich im Hinblick auf das noch zu behandelnde Verfilmungsrecht entscheidend darauf an, den Abstand von dem be-

---

[221] S. o. S. 48.

nutzten vorbestehenden Werk und damit den Intensitätsgrad der Nutzung festzulegen. Dazu sind die Begriffe Umgestaltung oder Umarbeitung zu unbestimmt. Mangels eines geeigneten Oberbegriffes und mit Rücksicht auf die Eigenart des Verfilmungsvorganges, für den sich im Urheberrecht keine Parallele findet, hat es bei dem Nutzungsbegriff der Verfilmung neben dem der Vervielfältigung, Bearbeitung oder freien Benutzung eines Werkes zu verbleiben.

Das muß nicht unbedingt ein Nachteil sein. Die juristische Würdigung der Erscheinungen der Technik erfordert bis zu einer Rückführung auf breite allgemeine Hauptregeln eine oft diskussionsreiche Arbeit mit schwankenden Resultaten. Man erinnere sich nur an die verschiedenen Theorien, die in Deutschland für die Rundfunksendungen aufgestellt worden sind. Es ist deshalb einfacher und sicherer, einen neuen Tatbestand, hier die Verfilmung, nicht in einem allgemeinen, sondern in einem speziellen Begriff zu erfassen[222]. Außerdem scheint eine gewisse Abgrenzung zur Bearbeitung erforderlich. Die gewöhnliche Bearbeitung, etwa eine Übersetzung, läßt das benutzte Werk in seiner inneren Form im wesentlichen unberührt[223], während eine Verfilmung tief in die innere Form eingreift und oft nur die nackte Fabel eines literarischen Werkes übernimmt[224]. Der Nutzungsgrad ist im Vergleich zur allgemeinen Bearbeitung erheblich geringer, die eigene geistige Leistung entsprechend höher. Wollte man unter den einzelnen Nutzungsbegriffen eine Reihenfolge nach dem Grad ihrer Abhängigkeit von dem benutzten vorbestehenden Werk festlegen, so würde man zu folgendem Ergebnis kommen: vorbestehendes Werk – Vervielfältigung – Bearbeitung – Verfilmung – freie Benutzung.

Das UG führt die Verfilmung nicht als eine besondere Nutzungsart auf, weil es diese Tätigkeit als Unterfall der Bearbeitung einordnet. Immerhin ist aber aus der speziellen Regelung in den §§ 23 Satz 2 und 88 ff. ersichtlich, daß das Gesetz der Verfilmung eine Sonderstellung zuerkannt hat. In diesem Sinne mag auch die Amtliche Begründung zu § 99 RegE zu verstehen sein, wenn sie erklärt, das Filmwerk sei etwas anderes und mehr als nur die Darstellung der für das Filmwerk benutzten Werke[225].

---

[222] Mentha in UFITA-Schriftenreihe, Heft 22, S. 27 ff., 33 f.

[223] S. o. S. 13;
ferner Ulmer, Festschrift für Bappert, 1964, S. 283 ff., 288;
Bappert, 1962, S. 294.

[224] Mentha in UFITA-Schriftenreihe, Heft 22, S. 27 ff., 31 f.;
Kummer, 1968, S. 10.

[225] BTDrucks. IV/270, S. 99.

II. Die filmische Nutzung im ausländischen Recht und in der RBÜ

Nicht ohne Grund räumt eine Anzahl ausländischer Gesetzgebungen der Verfilmung vorbestehender Werke den Rang einer speziellen Nutzungsart ein. Art. 13 Abs. 1 des Urheberrechtsgesetzes der Schweiz[226] unterscheidet die veränderte und die unveränderte Wiedergabe eines Werkes und verleiht das Recht, ein Werk mittels der Kinematographie wiederzugeben. Augenscheinlich ist hier im Gesetzestext der Begriff der Bearbeitung zugunsten des Begriffes der kinematographischen Wiedergabe vermieden worden.

Auch Art. 62 des portugiesischen Gesetzesdekretes vom 27. 4. 1966[227] spricht von einer filmischen Wiedergabe, die bearbeitet, aufgeführt, dargeboten und verbreitet werden kann.

Art. 7 des griechischen Gesetzes über das geistige Eigentum[228] zählt Bearbeitung, Verfilmung und mimische Wiedergabe nebeneinander auf und gibt damit zu erkennen, daß die Verfilmung neben der Bearbeitung als besondere Nutzung hervorgehoben werden soll.

Ebenso verwendet Norwegens Gesetz über das Urhebergesetz an Geisteswerken[229] nicht den Begriff der Bearbeitung, sondern spricht in § 39 von dem Recht zur Benutzung eines Werkes für den Film.

Nach § 2 Abs. 1 des finnischen Gesetzes über das Urheberrecht an Werken der Literatur und Kunst[230] umfaßt das Urheberrecht das ausschließliche Recht über das Werk durch Herstellung von Vervielfältigungsstücken sowie dadurch zu verfügen, daß es der Allgemeinheit in der ursprünglichen oder in geänderter Gestalt, in einer Übersetzung oder Bearbeitung, in einer anderen Literatur oder Kunstart oder durch eine andere Technik zugänglich gemacht wird. Dementsprechend ist in § 4 Abs. 1 von einer Bearbeitung oder einer Übertragung in eine andere

---

[226] Bundesgesetz betreffend das Urheberrecht an Werken der Literatur und Kunst vom 7. 12. 1922, abgedruckt in Möhring-Schulze-Ulmer-Zweigert, Schweiz/II, S. 5.

[227] Gesetzesdekret Nr. 46980 vom 27. 4. 1966, abgedruckt und übersetzt in Möhring-Schulze-Ulmer-Zweigert, Portugal/II, S. 18.

[228] Gesetz 2387/1920 über das geistige Eigentum, abgedruckt und übersetzt in Möhring-Schulze-Ulmer-Zweigert, Griechenland/II, S. 5.

[229] Gesetz Nr. 2 vom 12. 5. 1961 über das Urheberrecht an Geisteswerken u. a., abgedruckt und übersetzt in Möhring-Schulze-Ulmer-Zweigert, Norwegen/II, S. 12 f.

[230] Gesetz vom 8. 7. 1961 über das Urheberrecht an Werken der Literatur und Kunst, abgedruckt und übersetzt in Möhring-Schulze-Ulmer-Zweigert, Finnland/II, S. 1 f.

Literatur- oder Kunstart die Rede. Unter eine solche Übertragung oder Zugänglichmachung fällt u. a. die Verfilmung eines Werkes, die damit neben der Bearbeitung steht. In § 39 ist die Verfilmung unmittelbar genannt, gilt also nicht als einfache Bearbeitung.

Großbritanniens Copyright Act[231] erkennt die Verfilmung gleichfalls nicht als Bearbeitung an. Teil I Abschnitt 2 (6) zählt erschöpfend auf, was unter den Begriff der Bearbeitung fällt; die Verfilmung findet sich dort nicht. Zwar ist von einer Umgestaltung in ein dramatisches Werk die Rede, doch wird in Teil VI Abschnitt 48 (1) ausdrücklich gesagt, ein dramatisches Werk umfasse ein choreographisches Werk oder eine Pantomime, wenn sie in der Form, in der das Werk oder die Pantomime wiedergegeben werden sollen, schriftlich niedergelegt seien, jedoch nicht einen kinematographischen Film.

Schließlich zählt § 18 des ostdeutschen Gesetzes über das Urheberrecht vom 13. 9. 1965 (GBl. DDR I S. 209) Verfilmung und Bearbeitung eines Werkes nebeneinander auf und hebt damit den Unterschied beider Nutzungsarten augenscheinlich hervor.

Dagegen bezeichnen Art. 3 des polnischen Gesetzes über das Urheberrecht[232] und Section 3 des kanadischen Gesetzes betreffend das Urheberrecht von 1952[233] die Verfilmung als Bearbeitung, während weitere Gesetzgebungen eine besondere Bestimmung über die Verfilmung als besondere Nutzungsart, wie z. B. in Österreich, Frankreich, Italien, den USA und der Türkei, nicht enthalten.

Einen Mittelweg geht die Revidierte Berner Übereinkunft. Sie bezeichnet die Verfilmung eines Werkes zwar als Bearbeitung, hebt aber in den Art. 14 ff. der Stockholmer Fassung, die den Wortlaut von Brüssel insoweit unverändert übernommen hat, die filmische Adaption besonders hervor und widmet ihr mehrere Bestimmungen. Indem die RBÜ im Rahmen der Verwertungsrechte neben der Abhandlung der Adaptionen in Art. 12 noch Spezialbestimmungen über die Verfilmung getroffen hat, betont sie in weit stärkerem Maße als das bundesdeutsche Urheberrechtsgesetz, daß der filmischen Nutzung eine Sonderstellung zukommt, die sie aus dem allgemeinen Bearbeitungsbegriff heraushebt.

---

[231] Copyright Act 1956, abgedruckt und übersetzt in Möhring-Schulze-Ulmer-Zweigert, Großbritannien/II, S. 6, 78.

[232] Gesetz vom 10. 7. 1952 über das Urheberrecht, abgedruckt und übersetzt in Möhring-Schulze-Ulmer-Zweigert, Polen/II, S. 2.

[233] Canada Copyright Act. R. S., 1952, abgedruckt und übersetzt in Möhring-Schulze-Ulmer-Zweigert, Kanada/II, S. 3.

Teil II. Die Verfilmungsrechte

Wenn auch der Spielfilm im Vergleich zum benutzten Werk ein aliud und ein novum ist, neu in der künstlerischen Ausdrucksform, anders im Aufbau und in der Gestaltungstechnik, so ist die Verfilmung (eines vorbestehenden Werkes) gleichwohl nicht jedermann gestattet. Bereits die RBÜ hat in Art. 14 der Berliner Fassung vom 13. 11. 1908 das ausschließliche Recht des Urhebers betont, von dem vorbestehenden Werk einen Film zu drehen. Der Film enthält so bedeutende Möglichkeiten, daß es unverantwortlich wäre, dem Urheber nicht das Höchstmaß an Garantien in dieser Richtung zu geben. Zu diesem rechtspolitischen Grund kommt eine rein rechtliche Überlegung: Ein Film, der sich aus einem vorbestehenden Werk entwickelt hat, kann trotz aller oft tiefgreifenden Unterschiede seinen Ursprung nicht verleugnen. Er bleibt irgendwie mit dem Originalwerk verbunden, sei es durch den Titel, die Handlung, die Personen oder die Atmosphäre[234].

Die Befugnis Dritter, im Rahmen des Verfilmungsvorganges von dem vorbestehenden Werk Gebrauch zu machen, ist Gegenstand der Verfilmungsrechte. Der Begriff der Verfilmungsrechte ist Lehre und Rechtsprechung durchaus geläufig. Der Bundesgerichtshof spricht in einschlägigen Entscheidungen ständig von Verfilmungsrechten[235]; in der Literatur sind sie zu einem feststehenden Begriff geworden[236]. Die Amtliche Begründung zum RegE verwendet dieses Wort und § 88 UG trägt als amtliche Überschrift den Titel „Recht zur Verfilmung". Unterschiedlich ist jedoch die urheberrechtliche Bedeutung, die dem Begriff des Verfilmungsrechts beigemessen wird.

---

[234] Mentha in UFITA-Schriftenreihe, Heft 22, S. 27 ff., 31 f.

[235] BGH, Schulze Rspr. BGHZ 2, 7;
BGHZ 56, 9, 10, 11 = UFITA Bd. 28 (1959/II) S. 225 ff.;
BGHZ 153, 5;
BGHZ 154, 11, 20, 22.
BGH in MDR 1963, 199 f.

[236] Berthold / von Hartlieb, S. 9, 36, 105;
Brugger in UFITA Bd. 33 (1961/I), S. 308 ff., 310;
Bussmann in UFITA-Schriftenreihe, Heft 15, S. 18;
Hirsch, Ernst E., in UFITA Bd. 25 (1958/I), S. 5 ff., 20;
ders. in UFITA-Schriftenreihe, Heft 11, S. 8 ff., 22;
Hubmann, 1966, S. 50 I 1;
Samson in UFITA-Schriftenreihe, Heft 32, S. 94;
Schulze, 1969, Anm. 1 zu § 88 UG;;
Ulmer, § 44 IV.

A. Das Verfilmungsrecht als Verwertungsrecht des Autors vorbestehender Werke

Vor Erlaß des UG bestimmte § 12 LitUG, daß die ausschließlichen Befugnisse des Urhebers sich auf die Bearbeitungen, insbesondere auch auf die Benutzung eines Schriftwerkes zum Zwecke einer Verfilmung erstreckten. Die frühere gesetzliche Regelung sah also das Verfilmungsrecht als ein Verwertungsrecht des Autors an, das er gemäß § 8 Abs. 3 LitUG auf einen Produzenten übertragen konnte[237]. Ebenso hatte § 15 des Ministerialentwurfes von 1959 ein Verfilmungsrecht als ein selbständiges Verwertungsrecht des Urhebers neben seinen Rechten zur Vervielfältigung und Bearbeitung gefordert.

Das UG scheint dagegen ein Verfilmungsrecht als positives Verwertungsrecht des Autors nicht mehr zu kennen. § 23, der die Verfilmung mit einer Bearbeitung gleichsetzt, verlangt seinem Wortlaut nach lediglich eine Einwilligung des Urhebers vorbestehender Werke. Der Rechtsausschuß des Bundestages hatte bei der Beratung über das UG erwogen, in die Aufzählung der Verwertungsrechte des Urhebers auch das Verfilmungsrecht mitaufzunehmen. Er sah sich jedoch durch die von ihm im übrigen gebilligte Systematik des Regierungsentwurfs von 1962 gehindert, die zwischen den Rechten zur Verwertung des Werkes in seiner urspünglichen Gestalt (§ 15) und den Bearbeitungsrechten (§ 23) unterschied[238]. Da nach der Ansicht des Ausschusses die Verfilmung eines Werkes nur ausnahmsweise eine Vervielfältigung, in aller Regel aber eine Bearbeitung darstellte, kam für ihn eine Erwähnung des Verfilmungsrechts in § 15 UG nicht in Betracht. Aber auch im Zusammenhang mit dem Bearbeitungsrecht erschien dem Ausschuß eine besondere Erwähnung des Verfilmungsrechts nicht zweckmäßig, weil seiner Meinung nach dann auch die Ausführung anderer wichtiger Bearbeitungsrechte wie etwa des Übersetzungsrechts, des Rechts zur Dramatisierung oder des Fernsehnutzungsrechts gefordert werden könne[239].

---

[237] von Gamm, UG, Rdz. 10 zu § 3;
Fromm-Nordemann, Anm. 2 zu § 23;
Hirsch, a. a. O.

[238] Amtl. Begr. zu § 15 RegE, BTDrucks. IV/270.

[239] Schriftlicher Bericht des Bundestagsabgeordneten Reischl, BTDrucks. IV/3401, S. 3.

I. Der Begriff des Verfilmungsrechts

Haben die Verfasser des UG es abgelehnt, das Verfilmungsrecht ausdrücklich in die §§ 15 ff. aufzunehmen, so ist damit noch nicht gesagt, daß sie diesen Rechtsbegriff überhaupt fallenlassen wollten. Sowohl der Wortlaut der §§ 88 ff. UG, 2 Abs. 2 Nr. 5 VerlG als auch die technisch-künstlerische Eigenart sowie die wirtschaftliche Bedeutung dieses Rechts lassen eine derartige Notwendigkeit nicht erkennen.

1. Die Hinweise des Gesetzes

Allerdings weist die amtliche Überschrift „Recht zur Verfilmung" zu § 88 UG nur scheinbar auf ein Verfilmungsrecht als Verwertungsrecht des Urhebers hin. Aus dem nachfolgenden Gesetzestext geht hervor, daß unter dem „Recht zur Verfilmung" die dem Filmhersteller eingeräumten ausschließlichen Nutzungsrechte verstanden werden. Beispielsweise das Recht zur Herstellung eines Filmwerks ist nach der Vorstellung des UG ein Nutzungsrecht im Sinne der §§ 31 ff.[240]. Das folgt nicht nur aus dem Wortlaut des § 88, der ausdrücklich von Nutzungsrechten spricht, sondern auch aus dem Umstand, daß § 90 Satz 1 die Bestimmung des § 88 Abs. 1 Nr. 1 nicht von den einzelnen Vorschriften der §§ 31 ff. ausnimmt.

Die Nutzungsrechte sind aber nicht identisch mit den Rechten, die der Urheber inne hat. Das neue Urheberrecht erkennt dem Autor neben anderen Befugnissen unübertragbare Verwertungsrechte zu. Es gestattet dem Urheber als Träger des Urheberrechts[241], der Werkherrschaft[242] oder des geistigen Eigentums[243], wie immer man diese rechtliche Stellung bezeichnen will, aus den unveräußerlichen Verwertungsrechten, den Vollrechten, einzelne Nutzungsrechte im Sinne der §§ 31 ff. UrhG an Dritte zu vergeben, eine Konstruktion, die dogmatisch im Bild des Sachenrechts gesehen und der Bestellung von Pfandrecht oder Nießbrauch ähnlich ist[244]. Es gibt also einen Unterschied zwischen der Rechtsposition, die dem Autor zukommt, und derjenigen, die der Filmhersteller erwirbt. Besteht das „Recht zur Verfilmung", das der Filmhersteller nach § 88 UG erhält, aus einer Anzahl ausschließlicher Nut-

---

[240] von Gamm, Ug, Rdz. 5 zu § 23.
[241] Ulmer, § 19 I.
[242] Hirsch, Ernst E. in UFITA Bd. 42 (1964/II), S. 8 ff., 22.
[243] Troller, Bd. I S. 92.
[244] Amtl. Begr. zu § 31 RegE, BTDrucks. IV/270, S. 56;
Ulmer in Schriftenreihe der Deutschen Studiengesellschaft für Publizistik, 1963, Bd. 5, S. 9.

zungsrechte, so kann es nicht zugleich das zuständige Verwertungsrecht, das Vollrecht des Urhebers sein.

Als Nutzungsrecht muß das Filmherstellungsrecht aber nach der vom UG gewählten Systematik aus einem Verwertungsrecht des Urhebers abgeleitet sein. Insofern ist die Bestimmung des § 88 Abs. 1 aufschlußreich.

Ein weiterer Hinweis des Gesetzes findet sich in § 88 Abs. 2 Satz 2. Danach ist der Urheber des vorbestehenden Werkes im Zweifel „berechtigt", sein Werk nach Ablauf von zehn Jahren nach Vertragsabschluß „anderweit filmisch zu verwerten". Hier spricht das UG nahezu wörtlich von einem Verfilmungsrecht des Autors in Form eines Verwertungsrechts[245] und räumt damit ein, daß seine Nennung in den §§ 15 ff. UG nur aus Gründen der Systematik, nicht aber zum Zwecke einer Ausschließung des Verfilmungsrechts unterblieben ist.

Auch § 2 Abs. 2 Nr. 5 VerlG, der durch das UG nicht aufgehoben worden ist, läßt erkennen, daß ein Verfilmungsrecht des Urhebers nach der Vorstellung des Gesetzgebers weiterhin besteht. Nach dieser gesetzlichen Vorschrift verbleibt dem Verfasser nach Veräußerung der Verlagsrechte die Befugnis zur Vervielfältigung und Verbreitung für die Benutzung eines Schriftwerks oder einer Abbildung zu einer bildlichen Darstellung, welche das Originalwerk seinem Inhalt nach im Wege der Kinematographie oder eines ihr ähnlichen Verfahrens wiedergibt. Deutlicher hätte sich der Gesetzgeber nicht ausdrücken können.

2. Die Eigenart des Verfilmungsvorganges

Weiterhin erfordert die Sonderstellung des Verfilmungsvorganges ein spezielles Verfilmungsrecht. Es wurde bereits dargelegt, daß der Begriff der Verfilmung im Urheberrecht keinen übergeordneten, allgemeinen Begriff findet. Das Filmwerk entfernt sich durch seine vielfältigen Entwicklungsstufen, seinen Wechsel in eine andere Werkgattung, die dem vorbestehenden Werk verschiedene Art der Vermittlung des dargestellten Stoffes und durch die nicht unbeachtlichen musikalischen und sonstigen Nebenschöpfungen derart weit von seiner literarischen Vorlage, daß die Verfilmung nicht mehr als Bearbeitung bezeichnet werden kann[246]. Da die Verfilmung keine bloße Umsetzung eines literarischen in ein filmisches Werk, sondern ein durch die verschiedensten Nebenschöpfungen angereichertes Gesamtwerk ist[247], steht sie zu der literari-

---

[245] Fromm-Nordemann, 1. Aufl., Anm. 7 zu § 88.
[246] S. o. S. 55 f.
[247] S. o. S. 7, 51 ff.

schen Vorlage in einem weit schwächeren Anhängigkeitsverhältnis als die gewöhnliche Bearbeitung. Nähert sich die Bearbeitung in dem Intensitätsgrad ihrer Nutzung der Vervielfältigung, so ist die Verfilmung eher in der Nachbarschaft der freien Benutzung zu suchen[248].

Hieraus folgt zweierlei: Ist die Verfilmung keine Bearbeitung, so kann das Nutzungsrecht zur Herstellung eines Filmwerks nicht oder zumindest nicht nur aus § 23 UG hergeleitet werden. Es muß demnach ein besonderes Verwertungsrecht des Urhebers geben, dem ein Nutzungsrecht immanent ist, das der Eigenart des Verfilmungsvorganges, insbesondere der schwächeren Nutzung des vorbestehenden literarischen Werkes, Rechnung trägt. Das geschieht allein durch die Anerkennung eines dem Urheber zustehenden selbständigen Verfilmungsrechts.

3. Die wirtschaftliche Bedeutung der filmischen Nutzung

Zugunsten eines besonderen Verfilmungsrechts sprechen schließlich wirtschaftliche Gesichtspunkte. Für den Autor eines vorbestehenden literarischen Werkes kann die Verfilmung durchaus die wirtschaftlich bedeutsamste Verwertung sein. Dabei geht es nicht allein um den Kinofilm. Zur Verfilmung werden nach § 2 Abs. 1 Nr. 6 UG auch der Fernsehfilm[249], die elektromagnetische Fernsehaufzeichnung und sogar die Live-Sendung eines Fernsehspiels[250] gerechnet. Neben dem Honorar für die Überlassung seines Werks zu diesen filmischen Auswertungen erhält der Autor die Gelegenheit, eine Version seines Werkes einem Publikum zugänglich zu machen, das er über den Büchermarkt oder die Schauspielbühne nicht erreicht hätte. Die Filmvorführungen oder Fernsehsendungen können bei einer erfolgreichen Verfilmung ihrerseits wieder den Absatz des gedruckten Werks nicht unmaßgeblich beeinflussen. Angesichts der wirtschaftlichen Bedeutung der Filmnutzung für den Autor, die mit der Vergrößerung der Fernsehproduktion künftig noch steigen wird, ist es gerechtfertigt, das filmische Verwertungsrecht neben den Bearbeitungsrechten gesondert hervorzuheben.

II. Die Lehre vom bloßen Abwehrrecht des Urhebers vorbestehender Werke

Aus dem Wortlaut des § 23 UG wird verschiedentlich in der Literatur gefolgert, daß der Autor mit der Einwilligung zur Verfilmung nicht ein-

---

[248] S. o. S. 56

[249] B r u g g e r in FuR 1966, 89 ff.

[250] von G a m m, UG, Rdz. 7 zu § 88;
BGHZ 37, 1 ff., 6 f. = UFITA Bd. 37 (1962/II) S. 308 ff.

mal ein Nutzungsrecht im Sinne der § 31 ff. UG an den Filmhersteller vergebe, sondern insoweit nur ein Zustimmungsrecht im Sinne eines bloßen Abwehrrechts besitze[251]. Zur Begründung wird ausgeführt, der Urheber eines Werkes der Literatur stelle den Film nicht selbst her, er verfilme nicht sein Werk[252]. Die systematisch richtige Unterscheidung des UG liege darin, daß die Vervielfältigung, Verbreitung usw. positive Verwertungsrechte, Rechte der Verwertung des bestehenden Werkes seien, dagegen die Bearbeitung und mit ihr die Verfilmung zu einer Umgestaltung nach Form und Inhalt führe und gemäß § 3 UG eine selbständige persönliche geistige Schöpfung eines Dritten darstelle. Mit anderen Worten, es gebe kein aus dem Verwertungsrecht des Urhebers abgeleitetes Filmnutzungsrecht, sondern nur die Möglichkeit des Autors, eine Verfilmung des Werks zu erlauben oder zu verbieten[253].

1. Die Widersprüche zum Gesetz

Träfe das wirklich zu, so hätte *Roeber* mit seiner Kritik recht, das Verfilmungsrecht sei zu einem bloßen Anwendungsfall filmfremder Rechtsbegriffe gemacht worden und in sich rechtsbegrifflich zerrissen, weil es gemäß § 88 Abs. 1 Nr. 1 UG im Falle einer Vervielfältigung ein positives Verwertungsrecht, im übrigen aber auf die Bedeutungslosigkeit eines bloßen rechtlichen Reflexes herabgesunken sei[254]. Allein, die Lehre vom Abwehrrecht findet im Gesetz keine Stütze. Es wurde schon ausgeführt, daß § 88 UG indirekt auf ein selbständiges Verwertungsrecht hinweist. Die vom Filmhersteller erworbenen Befugnisse werden dort als Nutzungsrechte bezeichnet und setzen nach der Systematik des UG ein Verwertungsrecht des Autors als Stammrecht voraus[255]. § 88 Abs. 2 Satz 2 UG der von einer Berechtigung des Urhebers zu einer filmischen Verwertung spricht, und § 2 Abs. 2 Nr. 5 VerlG. lassen keinen Zweifel daran, daß es nach der Vorstellung des Gesetzgebers ein filmisches Verwertungsrecht, ein positives Verfilmungsrecht gibt[256].

Auch § 23 UG, auf dessen Wortlaut sich die Vertreter der gegenteiligen Auffassung gerade berufen, besagt im Grunde nichts anderes. Diese

---

[251] Brugger in FuR 1966, 90 ff., 94 f.;
Fromm-Nordemann, Anm. 2 zu § 23;
Samson in UFITA-Schriftenreihe, Heft 32, S. 94.

[252] Brugger in UFITA Bd. 51 (1968/I) S. 104.

[253] Hubmann, § 27 I;
Samson a. a. O.

[254] Roeber in FuR 1965, 223 ff., 229.

[255] S. o. S. 62 f.

[256] S. o. S. 63.

Vorschrift bezieht – entsprechend der bisherigen Regelung der §§ 12 LitUG, 15 Abs. 2, 15a KunstUG – das Recht auf Herstellung und Auswertung einer Bearbeitung des Originals ausdrücklich in den Oberbegriff der Verwertungsrechte ein, wobei § 24 UG die hierzu erforderliche negative Abgrenzung zur freien Benutzung bringt[257]. § 37 Abs. 1 UG spricht, über den Wortlaut des § 23 hinausgehend, von einem Recht des Urhebers zur Einwilligung. Die Erteilung einer Einwilligung nach § 23 UG ist daher keine bloße Willenserklärung im Sinne des § 183 BGB, sondern eine unmittelbare dingliche Verfügung des Urhebers über ein positives Verwertungsrecht. Ein Teilausschnitt des einheitlichen Stammrechts wird mit dringlicher Wirkung auf den Bearbeiter als Erwerber übertragen[258].

2. Die Mängel der Begründung

Die Gründe, die von der gegenteiligen Meinung zugunsten eines Abwehrrechts des Autors genannt werden, vermögen nicht zu überzeugen. Der Hinweis darauf, daß der Verfasser sein literarisches Werk nicht selbst verfilme, sondern die Filmherstellung durch Dritte erfolge, ist nicht zwingend, weil sie in dieser Verallgemeinerung nicht den Tatsachen entspricht. Es sind genügend Fälle bekannt, in denen der Autor eines Romans oder Bühnenstücks zur Verfilmung hinzugezogen wird und an dem Drehbuch, ja an den Dreharbeiten als Berater so maßgeblich beteiligt ist, daß er durchaus als Miturheber des Filmwerks in Betracht kommt.

Auch ist nicht richtig, daß die Verfilmung im Verhältnis zum vorbestehenden Werk die selbständige persönliche Schöpfung eines Dritten sei. Zwar ist bei der Verfilmung die Anlehnung an das vorbestehende Werk, der Intensitätsgrad der Nutzung, nicht so groß wie bei der Vervielfältigung oder allgemeinen Bearbeitung[259]. Aber deshalb ist die Herstellung eines Filmwerkes in aller Regel noch keine freie Benutzung. In jedem Film liegt zugleich auch ein Stück Vervielfältigung des vorbestehenden literarischen Werks[260].

---

[257] von G a m m, UG, Rdz. 3 zu § 23;
M ö h r i n g - N i c o l i n i, Anm. 6 zu § 23.

[258] von G a m m, UG Rdz. 10 zu § 3, unter Hinweis auf RGZ 140, 231 ff., 245;
BGHZ 5, 116 ff., 119, 121, 122;
BGHZ 27, 90 ff., 92, 96, 97 = UFITA Bd. 26 (1958/II) S. 90 ff.;
BGH in GRUR 1963, 40 ff., 42 = UFITA Bd. 38 (1962/III) S. 340 ff.

[259] S. o. S. 56.

[260] M e n t h a in UFITA-Schriftenreihe, Heft 22, S. 27 ff., 31 f.;
BGHZ 26, 52 ff., 65 = UFITA Bd. 25 (1958/I) S. 337 ff.;
BGH in MDR, 29 f.

Ebensowenig läßt sich aus § 23 Abs. 1 UG herleiten, daß nur die Veröffentlichung oder Verwertung einer Bearbeitung, nicht aber die Bearbeitung selbst der Einwilligung des Urhebers unterliege und folglich vom UrhG als eine selbständige Schöpfung angesehen werde. § 23 Abs. 1 will – analog § 53 Abs. 1 für die persönliche Vervielfältigung – lediglich die Freiheit der privaten Bearbeitung sicherstellen, gerade weil die Bearbeitung, wenn sie körperlich festgelegt ist, grundsätzlich einen Eingriff in die Urheberrechte des Autors darstellt[261].

3. Das Abwehrrecht als Folgerecht eines positiven Verwertungsrechts

Kommt man zu dem Ergebnis, daß im Falle einer Verfilmung dem Urheber des vorbestehenden Werkes kein bloßes Abwehrrecht, sondern ein filmisches Verwertungsrecht zusteht, so ist damit nicht ausgeschlossen, daß sich der Urheber nicht auch auf ein Abwehrrecht berufen könnte. Diese Befugnis, die in § 97 Abs. 1 UG ihre Grundlage findet, ist aber dann kein primäres, sondern ein Folgerecht aus einem positiven Verwertungsrecht, ähnlich wie das Abwehrrecht aus § 1004 BGB ein Folgerecht aus den Eigentümerbefugnissen ist. Beide Abwehransprüche setzen die Beeinträchtigung dinglicher Voll- oder Teilrechte voraus.

III. Zusammenfassung und Folgerungen

Im Ergebnis gelangt man zu folgenden Feststellungen über das Verfilmungsrecht:

1. Die Verfasser des UG waren bestrebt, ein Verfilmungsrecht des Urhebers vorbestehender Werke in die Bestimmungen der §§ 15 ff. nicht aufzunehmen, weil sie es dort systematisch nicht einzuordnen vermochten. Damit sollte aber ein filmisches Verwertungsrecht nicht generell ausgeschlossen werden. Dem Gesetzgeber kann nicht verborgen geblieben sein, daß nach dem von ihm gewählten System von Verwertungs- und Nutzungsrechten das „Recht zur Verfilmung" in § 88 UG als Nutzungsrecht eines besonderen Verwertungsrechts bedurfte. Im Hinblick auf die Eigenart des Verfilmungsvorganges, die in § 23 Satz 2 UG nicht gänzlich verkannt wird, und mit Rücksicht auf die große wirtschaftliche Bedeutung für den Autor, die bei Erlaß des UG nicht mehr übersehen werden konnte, hat das geltende Recht in den §§ 88 Abs. 1 Nr. 1, Abs. 2 Satz 2, 23 Satz 2 mittelbar ein besonderes filmisches Verwertungsrecht

---

[261] Ulmer, § 27 I 2, § 44 IV;
BGH in MDR 1971, 29 f.

anerkannt oder zumindest nicht ausgeschlossen[262]. Systematisch ist dieses Verfilmungsrecht als schwächstes Verwertungsrecht hinter den Vervielfältigungs- und Bearbeitungsrechten einzuordnen.

2. Das Verfilmungsrecht verleiht dem Urheber eines vorbestehenden Werkes die Befugnis, über die in § 88 Abs. 1 UG aufgeführten Nutzungsrechte zu verfügen. Diese Rechte werden – vermutlich wegen der früher geltenden Vollrechtsübertragung[263] – heute noch häufig als „die Verfilmungsrechte" bezeichnet. Sie sollten jedoch zur besseren Unterscheidung von dem nach geltendem Recht bestehenden unveräußerlichen Verwertungsrecht des Autors Nutzungsrechte zur Verfilmung genannt werden. Systematisch wären diese Nutzungsrechte in die §§ 31 ff. UG, im Anschluß an die Vorschrift des § 37 UG einzuordnen, zu der sie in einem Spezialitätsverhältnis stehen. § 90 UG weist darauf hin, daß § 88 UrhG gedanklich hierher gehört.

3. Die Lehre vom bloßen Abwehrrecht des Urhebers findet weder im Gesetz noch im Wesen noch in der wirtschaftlichen Bedeutung der filmischen Nutzung einen Rückhalt. Die Vorstellung, daß der eigene Verwertungsentschluß des Autors durch den Zufall der Herstellung eines Filmwerkes von Seiten eines Dritten ersetzt, daß die Rechtsstellung des Urhebers in Form einer Einwilligungsmöglichkeit zu einem bloßen rechtlichen Reflex degradiert werden sollte[264], wäre mit der wirtschaftlichen Tragweite dieser Nutzungsart nicht vereinbar. In der Praxis würde man den Vertragsparteien kaum klarmachen können, daß die Rechte, die sie in einem Verfilmungsvertrag veräußern bzw. erwerben, lediglich einen Verzicht des Autors auf sein Abwehrrecht darstellen sollen. Die Praxis kennt sogar Optionen auf die Filmrechte an einem Schriftwerk, geht also von dem derivativen Erwerb positiver Filmherstellungs- und Auswertungsrechte aus.

IV. Das Verfilmungsrecht in der RBÜ und in ausländischen Gesetzgebungen

Die RBÜ und die Mehrheit ausländischer Urhebergesetze steht auf dem gleichen Standpunkt. Art. 14 Abs. 1 der RBÜ in der Stockholmer Fassung, dessen Wortlaut insoweit unverändert aus der Brüsseler Fassung

---

[262] von Gamm, UG, Rdz. 5 zu § 3, Rdz. 4 zu § 88; Hubmann, S. 118.

[263] Roeber in FuR 1965, 223 ff., 229; BGH in Schulze Rspr., BGHZ 2, 7.

[264] Roeber, a. a. O.

übernommen worden ist, verleiht den Urhebern von Werken der Literatur oder Kunst das ausschließliche Recht, die Adaption und die Wiedergabe dieser Werke durch die Kinematographie zu erlauben. Das spricht für ein Verfilmungsrecht des Autors. Mehr noch, die Stellung des Art. 14 innerhalb der einzelnen Bestimmungen läßt erkennen, daß dieses Verfilmungsrecht als ein Verwertungsrecht des Urhebers neben seinen Vervielfältigungs- und sonstigen Befugnissen anzusehen ist. Die Art. 8 bis 14 beginnen mit dem sich ständig wiederholenden Wortlaut, die Urheber von Werken der Literatur und Kunst genössen das ausschließliche Recht zu erlauben...... Es folgt in den einzelnen Bestimmungen eine Aufzählung dieser ausschließlichen Rechte, die Erlaubnis zur Vervielfältigung, öffentlichen Aufführung, Rundfunk- und Fernsehausstrahlung, zum öffentlichen Vortrag, zur Bearbeitung und schließlich in Art. 14 die Erlaubnis zur filmischen Adaption. Aus der Aufzählung und Gleichstellung aller dieser Urheberbefugnisse ergibt sich, daß auch die RBÜ ein Verfilmungsrecht als selbständiges Verwertungsrecht des Urhebers bejaht.

Die RBÜ folgt damit einer Anzahl europäischer oder europäisch orientierter Länder, die ein Verfilmungsrecht der Urheber vorbestehender Werke ausdrücklich in ihre Urhebergesetze aufgenommen haben.

Nach Art. 13 Abs. 1 des schweizerischen Bundesgesetzes betreffend das Urheberrecht an Werken der Literatur und Kunst vom 7. 12. 1922[265] erstreckt sich das ausschließliche Recht des Urhebers zur veränderten oder unveränderten Wiedergabe seines Werkes auch auf eine Reproduktion mittels der Kinematographie oder eines verwandten Verfahrens. Ihn ähnlicher Weise gibt § 2 des schwedischen Gesetzes über das Urheberrecht an Werken der Literatur und Kunst vom 30. 12. 1960[266] dem Urheber das Recht, über das Werkt durch Herstellung von Vervielfältigungsstücken und dadurch zu verfügen, daß es in der Öffentlichkeit in der ursprünglichen oder in geänderter Form, in einer Übersetzung oder Bearbeitung, in einer anderen Literatur- oder Kunstart, oder in einer anderen Technik zugänglich gemacht wird. In diesem Zusammenhange gestattet § 3 dem Urheber, das Recht zur Verfilmung seines Werks auf Dritte zu übertragen. Das Gesetz geht also von einer aktiven Verfügung und nicht von einer bloßen Einwilligung in fremdes Handeln aus.

Ebenso spricht § 39 Abs. 1 des norwegischen Gesetzes über das Urheberrecht an Geisteswerken u. a.[267] davon, daß der Urheber das Recht

---

[265] abgedruckt in Möhring-Schulze-Ulmer-Zweigert, Schweiz/II, S. 5.

[266] abgedruckt und übersetzt in Möhring-Schulze-Ulmer-Zweigert, Schweden/II, S. 1, 10.

zur Benutzung seines Werkes für den Film auf Dritte übertragen könne. Die Übertragung des Rechts auf Herstellung eines Filmwerks umfaßt nach § 39 Abs. 2 auch das Recht, das Werk durch den Film in Lichtspielhäusern, im Fernsehen oder auf andere Weise der Allgemeinheit zugänglich zu machen, sofern nichts anderes vereinbart sei. Die gleiche Formulierung hat das finnische Gesetz über das Urheberrecht an Werken der Literatur und Kunst[268] gewählt; es bringt damit ebenfalls zum Ausdruck, daß nach seiner Vorstellung ein entsprechendes, spezielles Verwertungsrecht des Urhebers besteht.

Auch Art. 62 Abs. 1 des portugiesischen Gesetzesdekretes vom 27. 4. 1966[269] räumt dem Urheber das ausschließliche Recht ein, die Veröffentlichung, Aufführung, den Vortrag, die Darbietung, Vorstellung oder Ausstellung sowie die filmische Wiedergabe seines Werkes zu betreiben oder zu erlauben. Bedeutsam ist hier sowohl die Gleichstellung des Verfilmungsrechts mit den unmittelbaren Verwertungsrechten wie Vervielfältigung und Veröffentlichung als auch die Gleichstellung des Erlaubnisrechtes mit der Befugnis zur persönlichen Nutzung.

Ein Nebeneinander von Vervielfältigungs- und Verfilmungsrechten des Urhebers findet sich gleichfalls in § 10 Abs. 1 des Gesetzes über das Urheberrecht der DDR vom 13. 9. 1965 (GBl. DDR I S. 209). Danach steht es dem Urheber ausschließlich zu, darüber zu entscheiden, ob sein Werk vervielfältigt, verbreitet, vorgetragen, aufgeführt, vorgeführt, ausgestellt, verfilmt oder gesendet wird.

Ferner verleiht das kanadische Gesetz betreffend das Urheberrecht von 1952[270] in Artikel 3 dem Urheber das ausschließlich Recht, im Falle eines literarischen, dramatischen oder Musikwerks Tonträger und kinematische Filme herzustellen.

Schließlich scheint auch das griechische Gesetz über das geistige Eigentum[271] einem Verfilmungsrecht des Urhebers vorbestehender Werke nicht ablehnend gegenüber zu stehen, obwohl dieses Recht nicht ausdrücklich aufgeführt wird. Art. 7 nimmt die Verfilmung und andere

---

[267] abgedruckt und übersetzt in Möhring-Schulze-Ulmer-Zweigert, Norwegen/II, S. 12 f.

[268] abgedruckt und übersetzt in Möhring-Schulze-Ulmer-Zweigert, Finnland/II, S. 10.

[269] abgedruckt und übersetzt in Möhring-Schulze-Ulmer-Zweigert, Portugal/II, S. 18.

[270] abgedruckt und übersetzt in Möhring-Schulze-Ulmer-Zweigert, Kanada/II, S. 3.

[271] abgedruckt und übersetzt in Möhring-Schulze-Ulmer-Zweigert, Griechenland/II, S. 2 f.

Verwertungsarten von der Regelung des Art. 6 – Befugnis der Gestattung – aus und verweist auf die Art. 1 bis 5, die die Verwertungsrechte des Urhebers zum Gegenstand haben.

Eine weitere Gruppe von Ländern kennt zwar kein spezielles Verfilmungsrecht, aber immerhin ein Bearbeitungsrecht des Urhebers an seinem Werk, also eine Rechtsposition, die über die Möglichkeit einer bloßen Zustimmung zu fremdem Handeln hinausgeht.

Nach Teil I Art. 2 (5) des britischen Copyright Act 1956[272] bleiben durch das Urheberrecht an einem literarischen, dramatischen oder musikalischen Werk dem Urheber die Vervielfältigung und die Bearbeitung vorbehalten.

§ 1b des Urheberrechtsgesetzes der Vereinigten Staaten von Amerika vom 4. 3. 1909 in der Fassung vom 7. 9. 1957[273] billigt dem Urheber neben der Vervielfältigungs- und Verkaufsbefugnis das ausschließliche Recht zu, sein literarisches Werk in andere Sprachen oder Dialekte zu übersetzen oder sonstige Bearbeitungen vorzunehmen.

Ebenso führt das italienische Gesetz über den Schutz des Urheberrechts und anderer mit seiner Ausübung verbundener Rechte, das in Kapitel III Abschnitt I den Schutz der wirtschaftlichen Verwertung des Werkes regelt, in den Art. 12 bis 19 die Rechte zur Vervielfältigung, Verbreitung und Bearbeitung nebeneinander auf und weist in Art 18 auf das ausschließliche Bearbeitungsrecht des Urhebers hin[274].

Art. 13 des Gesetzes der Niederlande betreffend die Neuregelung des Urheberrechts vom 23. 9. 1912 in der Fassung vom 14. 6. 1956 dehnt den Begriff der urheberrechtlichen Befugnis zur Vervielfältigung weit aus und versteht darunter auch Übersetzungen und jede andere gänzliche oder teilweise Bearbeitung[275].

Auch nach Art. 21 des türkischen Gesetzes über Geisteswerke und Kunstwerke vom 10. 12. 1951 steht das Recht, aus einem Werk durch Bearbeitung Nutzen zu ziehen, ausschließlich dem Urheber zu[276].

---

[272] abgedruckt und übersetzt in Möhring-Schulze-Ulmer-Zweigert, Großbritannien/II, S. 6.

[273] abgedruckt und übersetzt in Möhring-Schulze-Ulmer-Zweigert, USA/II, S. 2 f.

[274] vgl. Möhring-Schulze-Ulmer-Zweigert, Italien/I, S. 9, II, S. 7.

[275] abgedruckt und übersetzt in Möhring-Schulze-Ulmer-Zweigert, Niederlande/I, S. 8, II, S. 4.

[276] abgedruckt und übersetzt in Möhring-Schulze-Ulmer-Zweigert, Türkei/II, S. 8; vgl. ferner H i r s c h, Ernst E., UFITA-Schriftenreihe, Heft 4, S. 70.

Luxemburg trifft in Art. 12 des Gesetzes betreffend das Urheberrecht vom 10. 5. 1898[277] zumindest die Feststellung, daß den Urhebern das ausschließliche Recht zusteht, die Übersetzung ihrer Werke zu besorgen oder zu gestatten.

Nicht ganz eindeutig ist § 14 des österreichischen Bundesgesetzes über das Urheberrecht an Werken der Literatur und Kunst und über verwandte Schutzrechte vom 9. 4. 1936 in der Fassung vom 8. 7. 1953[278]. Nachdem dort in Abs. 1 eine Legaldefinition der Verwertungsrechte gegeben worden ist, heißt es in Abs. 2, der Urheber einer Übersetzung oder anderen Bearbeitung dürfe diese nur verwerten, soweit ihm der Urheber des bearbeiteten Werkes das ausschließliche Recht oder die Bewilligung dazu, das Bearbeitungs- oder Übersetzungsrecht, erteilt habe. Unklar erscheint zunächst, ob mit dem Bearbeitungs- oder Übersetzungsrecht ein Verwertungsrecht des Originalautors im weiteren Sinne oder ein Wertnutzungsrecht des Bearbeiters gemeint ist. Klarheit bringt jedoch § 24. Danach kann der Urheber anderen gestatten, das Werk auf die nach den §§ 14 bis 18 dem Urheber vorbehaltenen Verwertungsarten zu benutzen. Daraus ist ersichtlich, daß es sich bei dem Bearbeitungs- oder Übersetzungsrecht um eine Befugnis des Originalautors handelt. Dieser kann ein eigenes Bearbeitungsrecht für sich in Anspruch nehmen.

Schließlich weist auch das französische Gesetz über das literarische und künstlerische Eigentum vom 11. 3. 1957 mittelbar auf ein Bearbeitungsrecht des Urhebers hin. Nach Art. 21 Abs. 1 genießt der Urheber auf Lebenszeit das ausschließliche Recht, sein Werk in jeder nur möglichen Form zu verwerten und daraus geldlichen Gewinn zu ziehen[279]. Daß unter den Begriff der Verwertung nicht nur die Vervielfältigung, sondern auch die Bearbeitung fällt, folgt aus Art. 40[280], wonach beide Nutzungsarten ohne die Zustimmung des Urhebers unzulässig sind.

Polen und die Tschechoslowakei kennen dagegen in ihren Urhebergesetzen ein Verfilmungs- oder auch nur ein Bearbeitungsrecht des Urhebers nicht. Art. 3 § 2 des polnischen Gesetzes über das Urheberrecht vom 10. 7. 1952[281] und § 17 Abs. 1a des Gesetzes der Tschechoslowakei

---

[277] abgedruckt und übersetzt in Möhring-Schulze-Ulmer-Zweigert, Luxemburg/II, S. 3.

[278] abgedruckt in Möhring-Schulze-Ulmer-Zweigert, Österreich/II, S. 3.

[279] abgedruckt und übersetzt in Möhring-Schulze-Ulmer-Zweigert, Frankreich/II, S. 5.

[280] abgedruckt und übersetzt in Möhring-Schulze-Ulmer-Zweigert, Frankreich/II, S. 11.

[281] abgedruckt und übersetzt in Möhring-Schulze-Ulmer-Zweigert, Polen/II, S. 2.

vom 22. 12. 1953 über das Urheberrecht[282] machen eine Bearbeitung lediglich von der Zustimmung des Urhebers abhängig.

Eine Sonderstellung nimmt die Sowjetunion ein. Während die Übersetzung und weitere in den Art. 489, 492, 494 und 495 des Zivilgesetzbuches der RSFSR[283] genannte Bearbeitungen einer Zustimmung des Urhebers überhaupt nicht bedürfen, dürfen Umarbeitungen in Werke anderer Gattungen, insbesondere die Umarbeitung eines literarischen Werkes in ein Drehbuch nach Art. 516[284] nur auf Grund eines Vertrages mit dem Urheber erfolgen. Offenbar geht man von einem Verfilmungsrecht des Urhebers aus, das im Vertragswege auf den Dritten übergehen soll.

Abschließend sei Art. V Nr. 1 des Welturheberrechtsabkommens vom 6. 9. 1952[285] zitiert, nach welchem das Urheberrecht der geschützten Werke das ausschließliche Recht umfaßt, diese Werke zu übersetzen. Auch hier wird zumindest ein Bearbeitungsrecht des Urhebers in der Gestalt eines Übersetzungsrechtes bejaht.

---

[282] abgedruckt und übersetzt in Möhring-Schulze-Ulmer-Zweigert, Tschechoslowakei/II, S. 4.

[283] abgedruckt und übersetzt in Möhring-Schulze-Ulmer-Zweigert, Sowjetunion/II, S. 14.

[284] abgedruckt und übersetzt in Möhring-Schulze-Ulmer-Zweigert, Sowjetunion/II, S. 17.

[285] BGBl. II 1955, Nr. 5.

B. Inhalt der Filmnutzungsrechte

Das UrhG hat den Inhalt der Filmnutzungsrechte, also derjenigen Befugnisse, die ein Dritter zur Verfilmung eines vorbestehenden Werkes vom Urheber erwirbt, äußerst unzureichend geregelt. Insbesondere liegt eine klare Abgrenzung zwischen Kinofilmrechten und Fernsehfilmrechten nicht vor. In § 88 Abs. 3, 4 UG heißt es lediglich, daß der Produzent das Filmwerk alternativ – je nach dem vereinbarten Vertragszweck – öffentlich vorführen oder durch Funk senden lassen könne. Offenbar geht die gesetzliche Bestimmung davon aus, daß nach dem vorbestehenden Werk nur eine Art Film hergestellt werde, die dann entsprechend der Vereinbarung mit dem Autor entweder in Lichtspieltheatern oder im Fernsehen veröffentlicht werde.

Diese Vorstellung ist zu eng. Die Verschiedenheit der Medien Kino und Fernsehen bedingt unterschiedliche Filmproduktionen. Es ist nicht selten und schon mehrfach Gegenstand gerichtlicher Entscheidungen gewesen, daß neben einer Kinofilmfassung ein spezieller Fernsehfilm, sei es ein auf Film oder Magnetband aufgezeichnetes oder ein live zu sendendes Fernsehwerk, hergestellt wird[286].

Man fragt sich, ob das Filmherstellungsrecht in § 88 Abs. 1 Nr. 1 UG beide Herstellungsarten enthält.

I. Der gemeinsame Oberbegriff des Filmherstellungsrechtes für Kino- und Fernsehfilme

Die Frage ist zu bejahen, sofern beide Filmarten sich gattungsmäßig nicht so stark voneinander unterscheiden, daß ein gemeinsamer Oberbegriff nicht mehr vertretbar wäre.

1. Der technische Unterschied von Kino- und Fernsehfilmen

Der technische, durch verschiedene Aufnahme- und Wiedergabeverfahren bedingte Unterschied ist bekannt. Das Gesetz mißt ihm keine entscheidende Bedeutung im urheberrechtlichen Sinne bei. Die §§ 15 Abs. 2 Nr. 3, 21 Satz 1, 75, 76 UG sprechen allgemein und § 94 Abs. 1 UG spe-

---

[286] BGH in MDR 1969, 457 f. = GRUR 1969, 364 ff. = UFITA Bd. 54 (1969/I) S. 278 ff.;
KG, Urteil vom 8. 7. 1966 – 5. U. 548/66; LG München I in FuR 1965, 94 f.

ziell im Hinblick auf den Film nur von Bild- und/oder Tonträgern, differenzieren also nicht zwischen chemischer oder elektromagnetischer Aufzeichnung. § 94 Abs. 1 Satz 1 verwendet die Begriffe „Filmwerk" und „Bild-/Tonträger" sogar nebeneinander, läßt also erkennen, daß der Begriff der Filmwerke völlig losgelöst vom Aufnahme- und Wiedergabematerial besteht[287].

2. Die unterschiedliche Darstellungsweise

Bedeutsamer könnte schon der durch die Eigentümlichkeit beider Medien bedingte Unterschied der Darstellungsweise und des künstlerischen Ausdrucks sein. Im Fernsehfilm herrscht noch die Schwarzweißdarstellung vor, während die meisten Kinospielfilme der letzten Zeit, schon um mit dem Fernsehen in Wettbewerb treten zu können, in Farbe gedreht sind. Auf die unterschiedliche Wirkung, die Schwarzweiß- und Farbaufnahmen auf den Zuschauer ausüben, und auf die dadurch voneinander abweichenden Grundsätze des Filmschaffens wurde schon hingewiesen[288].

Auch das Format der Filmwiedergabe spielt eine Rolle für die künstlerische Darstellungsweise. Das Kleinformat des Fernsehens verlangt einen anderen Zuschnitt als der Breitwandfilm eines Kinos. „Das breite Bild (des Cinemascope-Films)", sagt *Iros,* „bietet dem Auge eine wirkungsvolle Panoramasicht, deren Tiefe – die zudem gefördert wird dank der ohnehin die Körperhaftigkeit stärker betonenden und damit die räumliche Staffelung spürbarer akzentuierenden Farbe – im Zuschauer weitgehend die Illusion natürlicher plastischer Wirkungen auslöst ...... Der Zuschauer blickt nicht mehr – um einen Vergleich zu wagen – aus einem Zimmerfenster in die Welt hinaus, sondern er kann seine Augen aus einer Riesenflucht von zusammenhängenden Fenstern ins Weite schweifen lassen"[289]. Der Breitwandfilm, der wegen seiner Ausmaße beispielsweise einen großzügigen Gebrauch der Totale erlaubt, würde im Fernsehen nur unzulänglich zur Geltung kommen. Der Fernsehfilm, eben das „Zimmerfenster", ist auf kameranahe Objekte angewiesen[290]; die Darstellung naher Einzelgegenstände ist sogar seine Stärke. Das wiederum bedingt einen unterschiedlichen Handlungsaufbau und eine andere Inszenierung. Der Kinofilm lebt von der Handlung

[287] Zum gleichen Ergebnis kamen Ulmer, § 2 I 1 und BGHZ 37, 1 ff., 6 bereits vor Erlaß des UG.
[288] S. o. S. 39.
[289] Iros, S. 81.
[290] Adam in FuR 1967, 51 ff.

und der raschen Handlungsfolge. Der Zuschauer erwartet „ein bildhaftes Fließen der Erzählung“ *(Goldbaum)*. Die Fernsehdarbietung erlaubt daneben auch, ähnlich dem Bühnenstück, eine Art betrachtender Darstellung in Form längerer Dialoge oder sogar Monologe. Das wird besonders augenscheinlich bei der Übernahme eines Schauspiels. Während ein Drama oder eine Komödie für einen Kinospielfilm regelmäßig nur nach einer literarischen Bearbeitung verwertbar ist, können sie in einem Fernsehfilm ohne wesentliche Änderungen mit einer darauf abgestimmten Regie übernommen werden[291].

3. Das Filmwerk als umfassender Gattungsbegriff

Trotz dieser Eigenarten in Gestaltung und künstlerischem Ausdruck hat das UG – im Gegensatz etwa zu den §§ 2 Abs. 2, 10, 38 des Gesetzes über das Urheberrecht der DDR – eine gattungsmäßige Unterscheidung nicht getroffen. § 2 Abs. 1 Nr. 6 UG geht von einer Werkgattung Film aus, unter die sowohl Kinofilme als auch Fernsehwerke fallen[292]. Es ist dort von Filmwerken einschließlich der Werke die Rede, die ähnlich wie Filmwerke geschaffen werden. § 88 UG kennt nur eine Art Film, der nach seiner Herstellung unterschiedlich, d. h. in Lichtspieltheatern oder im Fernsehen, genutzt wird. In gleicher Weise hat Artikel 2 Abs. 1, 2 RBÜ (Stockholm) auf den Begriff eines speziellen Fernsehwerks verzichtet, indem er ausdrücklich von einem analogen, also gleichartigen Verfahren spricht.

Die Zusammenfassung von Kinofilm- und Fernsehwerken in dem Begriff des Filmwerks schlechthin hat ihren guten Grund. Die Auffassung des UrhG entspricht nicht nur dem geistigen Werkbegriff[293], der im Filmwerk nicht das technische Verfahren, sondern in erster Linie die schöpferische Bild- und Tonfolge sieht; sie beachtet auch die grundlegenden Gemeinsamkeiten, die zwischen Film und Fernsehen bestehen[294]. Kino- und Fernsehfilm stehen einander näher als jedem vergleichbaren anderen Werk. Beide Filmarten prägen einen neuen Werkbegriff, den des Gesamtwerkes, der sich als eine Erweiterung des herkömmlichen Werkbegriffes als des Ergebnisses einer Vielzahl persönlicher geistiger Leistungen darstellt[295]. Beide sind nicht nur geistige Schöpfung, sondern

[291] Bussmann in UFITA Bd. 29 (1959/III) S. 158 ff., 165 f. = UFITA-Schriftenreihe, Heft 15.
[292] Brugger in FuR 1966, 90 ff.
[293] S. o. S. 34 ff.
[294] Peter in UFITA Bd. 34 (1961/II), S. 141 ff., 144.
[295] S. o. S. 7, 51 ff.

künstlerisch realisierte geistige Schöpfung[296]. Kino- und Fernsehfilme unterscheiden sich in gleicher Weise von dem literarischen Werk, nach dem sie geschaffen werden. Während sich das Werk der Literatur an die Phantasie des Lebenden wendet und durch sie mannigfaltige Vorstellungen erweckt, führt umgekehrt der Film, ob auf der Leinwand oder im Fernsehen, durch die von ihm dargestellte Handlung alle denkbaren Vorstellungen auf eine konkrete Bildreihe zurück[297]. Ferner unterliegt die Herstellung beider Filmarten gleichen Produktionsstufen; es gibt in beiden Fällen das Exposé, das Treatment und das Drehbuch.

Man gelangt damit zu dem Ergebnis, daß trotz technischer und künstlerischer Unterschiede Kino- und Fernsehfilm in ihren urheberrechtlichen Grundmerkmalen so weitgehend übereinstimmen, daß eine Aufspaltung des Begriffes Filmwerk nicht berechtigt wäre. Gibt es aber nur ein Filmwerk, so umfaßt das Recht zur Herstelung eines Filmwerks in § 88 Abs. 1 Nr. 1 UrhG sowohl das Recht zur Herstellung eines Kino- als auch eines Fernsehfilmwerks.

II. Der Umfang des Filmherstellungsrechtes im Hinblick auf einen zusätzlichen Fernsehfilm

Eine andere Frage ist jedoch, ob der Produzent mit dem Recht zur Filmherstellung beide Befugnisse kumulativ oder nur alternativ erwirbt. Dabei geht es – das sei ausdrücklich klargestellt – zunächst nur um den Inhalt des Herstellungsrechts, nicht um das Recht zur Vorführung oder Sendung, das später noch behandelt werden soll.

Nach der auch im Filmrecht herrschenden Zweckübertragungstheorie könnte der Produzent bei einer fehlenden genauen Vertragsabsprache nur das eine oder andere Filmherstellungsrecht erwerben, es sei denn, das Recht zur Herstellung eines Filmwerks wäre ein beide Filmarten umfassendes, unteilbares Nutzungsrecht, das nicht, wie § 32 UG sagt, inhaltlich beschränkt eingeräumt werden kann.

1. Das Recht zu filmischen Bearbeitungen

Für ein umfassendes Herstellungsrecht scheint § 88 Abs. 1 Nr. 5 UG zu sprechen. Hiernach ist der Filmhersteller ausschließlich berechtigt, filmische Bearbeitungen oder Umgestaltungen des Filmwerks im gleichen Umfange wie dieses zu verwerten. Da sich ohne weiteres denken läßt, daß im Wege einer Bearbeitung oder sonstigen Umgestaltung von

---

[296] S. o. S. 44.
[297] S. o. S. 43.

einem Kinofilm eine speziell auf das Fernsehen abgestimmte Fassung hergestellt wird, würde dem Produzenten eine entsprechende Befugnis zustehen.

Die gesetzliche Bestimmung geht jedoch in ihrem Wortlaut zu weit. Sie würde jede Bearbeitung des Films und damit völlig neue Filmfassungen gestatten. Wie aber der Hinweis des Gesetzes auf die Übersetzung zeigt, beschränkt sich die Zulassung weiterer Bearbeitungen auf solche Änderungen, die das Filmwerk in seinem Wesen und in seiner eigentümlichen Gestaltungsform unberührt lassen. Erfaßt werden Anpassungen des Filmwerks an bestimmte Abnehmerkreise unter Erhaltung seiner Eigentümlichkeit in deren wesentlichen Zügen[298].

Eine Grenze des Erlaubten bildet das übernationale Gemeinschaftswerk, die inländisch-ausländische Co-Produktion. Neben der nationalen Co-Produktion, die sich mit der Herstellung einer einzigen Filmversion durch zwei oder mehrere inländische Partner befaßt, gibt es die Zusammenarbeit auf internationaler Ebene. Produktionsfirmen zweier verschiedener Staaten schließen sich zusammen, um eine inländische und eine ausländische Fassung des Filmwerks zu erbringen. Man spricht von einer amerikanisch-italienischen oder einer deutsch-französischen Co-Produktion. Die Herstellung einer fremdsprachigen Version bedeutet zumeist die Schaffung eines zweiten Films neben dem „Originalfilm". Die Dialoge werden durch Darsteller übersetzt und gesprochen, welche die betreffende Fremdsprache beherrschen und oft dem fremden Land entstammen. Oft ist auch der Bildteil umzustellen, weil unter Beachtung der fremdländischen Mentalität das einzelne Bild und die Bilderkomposition in der Auffassung des fremdländischen Zuschauers lebensnah und glaubwürdig zu erscheinen haben. Deshalb wird oft auch ein Regisseur des betreffenden Landes, in dessen Sprache der Film hergestellt werden soll, hinzugezogen. Dieser Regisseur kann durch eigenschöpferische Gestaltungskraft, beispielsweise durch Abänderung des Handlungsablaufes, die der Mentalität des fremden Landes entsprechen, lebensnah und glaubwürdig die fremdsprachige Fassung des Films dergestalt schaffen, daß sie der Auffassung der fremdländischen Zuschauer auch entspricht.[299].

Zwei Werke entstehen zu gleicher Zeit, der Originalfilm und die fremdsprachige Darstellung. Im Gegensatz zu einem synchronisierten Film

---

[298] von Gamm, UG, Rdz. 11 zu § 88.

[299] Berthold / von Hartlieb, S. 44 ff.;
Bergner, Bd. 1/I, S. 63.

weist die fremdsprachige Fassung in der Regel auch eigenschöpferische Züge auf, so daß von einer Mehr- oder Neuverfilmung gesprochen werden kann, die als Bearbeitung anzusehen ist[300].

Mit Rücksicht auf den erheblichen Kostenaufwand einer Verfilmung geht man in Lehre und Rechtsprechung davon aus, daß dem Filmproduzenten die Möglichkeit einer den Aufwand verbilligenden Co-Produktion offen gelassen werden soll; es sei anzunehmen, daß der Urheber des vorbestehenden Werkes auch das Recht zur Herstellung einer anderen Version mitübertrage[301].

Ist aber nach der einschränkenden Auslegung des § 88 Abs. 1 Nr. 5 UG eine Co-Produktion zulässig, so wird auch die Herstellung einer Fernsehfassung neben einer Filmbühnenversion vom Filmherstellungsrecht des Produzenten mitumfaßt, sofern sie sich auf eine die Grundzüge der Filmdarstellung nicht berührende Bearbeitung beschränkt. Es handelt sich insoweit um einen Vorgang, der das eingeräumte Nutzungsrecht nicht stärker beansprucht als die gemeinschaftliche Verfilmung.

2. Die kumulative Freistellung des § 88 UG

Für ein umfassendes Filmherstellungsrecht spricht im gewissen Sinne auch § 88 Abs. 1 Nr. 1 UG. Danach ist der Produzent berechtigt, das vorbestehende Werk unverändert, oder unter Bearbeitung bzw. Umgestaltung zur Herstellung eines Filmwerks zu benutzen. Der Wortlaut des Gesetzes enthält, wie sich aus einem Vergleich mit § 88 Abs. 1 Nr. 3, 4 UG ergibt, keine rechtliche Alternative, sondern eine kumulative Freistellung des Nutzungsberechtigten nach seiner Wahl[302]. Kann daher ein vorbestehendes Werk sowohl im unveränderten als auch im umgestalteten Zustande als Filmvorlage dienen, so wäre durchaus denkbar, daß nach dem Originalwerk ein Fernsehfilm und nach einer umgestalteten Fassung ein Kinospielfilm hergestellt wird.

3. Das einheitliche Filmherstellungsrecht des § 88 UG

Die Unteilbarkeit des Filmherstellungsrechtes läßt sich ferner aus § 88 Abs. 1 Nr. 1 und aus dem Verhältnis dieser Vorschrift zu den Bestimmungen des § 88 Abs. 1 Nr. 3 und 4 UG herleiten. Nach dem Gesetzeswortlaut gibt es nur ein einheitliches Herstellungsrecht, aber zwei Aus-

---

[300] Berthold / von Hartlieb a. a. O.

[301] Berthold / von Hartlieb a. a. O. unter Hinweis auf das Urteil des KG vom 23. 1. 1933 in GRUR 1933, 510 ff.

[302] von Gamm, UG, Rdz. 8, 11 zu § 88.

wertungsrechte. Nicht nur der Kinofilmproduzent, sondern auch das Fernsehfilmunternehmen muß vom Autor das „Recht zur Herstellung des Filmwerkes überhaupt" erwerben, wenn es eine Fernsehfassung von dem vorbestehenden Werk schaffen und ausstrahlen lassen will[303].

Ein weiterer, wesentlicher Gesichtspunkt für ein umfassendes, einheitliches Filmherstellungsrecht ergibt sich aus § 88 Abs. 2 Satz 2 UG. Diese Bestimmung gestattet dem Urheber, sein vorbestehendes Werk nach Ablauf von zehn Jahren anderweit filmisch zu verwenden. Vorher liegen demnach die Rechte einer filmischen Verwertung und damit auch die Befugnis zur Herstellung eines zusätzlichen Fernsehfilms beim Kinofilmproduzenten, dem die Filmnutzungsrechte eingeräumt worden sind. Noch weiter gehen *Fromm-Nordemann,* die aus dem Wortlaut des § 88 Abs. 2 Satz 2 ein Recht des Kinofilmproduzenten nicht nur zur Herstellung, sondern auch zur Sendung eines zusätzlichen Fernsehfilms herleiten[304]. Ob eine so extensive Gesetzesauslegung berechtigt ist, kann zunächst dahinstehen, weil hier lediglich der Umfang des Herstellungsrechts, nicht der der Auswertungsrechte in Frage steht.

Keine entscheidende Bedeutung kann in diesem Zusammenhange § 88 Abs. 2 Satz 1 UG zukommen, der dem Kinofilmproduzenten im Zweifel eine Wiederverfilmung untersagt. Das Herstellen eines zusätzlichen Fernsehwerks ist begrifflich keine Wiederverfilmung. Gibt es ein umfassendes, unteilbares Filmherstellungsrecht, so ist dieses Recht erst dann voll ausgeschöpft, wenn sowohl eine Kino- als auch eine Fernsehfassung des Filmwerks vorliegen. Erst wenn ein weiterer Kinofilm oder ein neues Fernsehwerk nach der gleichen literarischen oder bereits bestehenden filmischen Vorlage geschaffen werden sollen, taucht die Frage einer Wiederverfilmung auf.

4. Rückschlüsse aus dem filmischen Verbotsrecht

Ein unteilbares Filmherstellungsrecht würde schließlich dem in Lehre und Rechtsprechung allgemein anerkannten umfassenden Verbotsrecht des Nutzungsberechtigten entsprechen.

a) Das Verbotsrecht des Filmherstellers

Ähnlich dem Abwehranspruch des Nießbrauchers aus den §§ 1068, 1004 BGB gibt es im Urheberrecht ein Verbotsrecht des Nutzungsbefugten. Nach herrschender Meinung enthält jedes ausschließliche Nutzungs-

---

303 Möhring-Nicolini, Anm. 4 zu § 95.
304 Fromm-Nordemann, 1. Aufl., Anm. 7 zu § 88.

recht einen positiven und einen negativen Kern. Der Nutzungsberechtigte ist nicht nur legitimiert, sein Recht künstlerisch und wirtschaftlich auszuwerten, er darf vielmehr auch jedem anderen Beeinträchtigungen seiner Auswertung untersagen[305]. So ist der Hersteller eines Kinofilms berechtigt, sowohl dem Autor des vorbestehenden Werkes als auch Dritten eine Auswertung der literarischen oder sonstigen Vorlage in Form eines Fernsehwerks zu verbieten[306]. Die Grenze eines solchen Verbotsrechts liegt dort, wo sich die Fernsehauswertung eines vorbestehenden Werkes neben dem Kinofilm in bloßen Laufbildern erschöpft, wie das bei der nachträglichen Fernsehaufführung eines Bühnenstückes, das vorher für Kinoaufführungen verfilmt worden ist, der Fall sein kann. Aber selbst dort hat die Rechtsprechung einen Unterlassungsanspruch des Kinofilmherstellers unter der Voraussetzung bejaht, daß durch eine gleichzeitige oder zeitlich unmittelbar vorausgehende Fernsehauswertung des Bühnenstückes der Besuch von Lichtspieltheatern beeinträchtigt werden würde, in denen der Film läuft[307]. Speziell für das Filmrecht bemerkt die Amtliche Begründung zu § 98 des Regierungsentwurfs, die lediglich positive Regelung des Nutzungsrecht ändere nichts an der Tatsache, daß der Filmhersteller auf Grund der ihm zustehenden "Verfilmungsrechte" jedem anderen einschließlich des Autors verbieten könne, das Werk anderweit filmisch zu verwerten[308].

b) Das Verhältnis des Verbotsrechts zum Filmherstellungsrecht

Das weitreichende Verbotsrecht läßt bestimmte Rückschlüsse auf den Umfang des positiven Nutzungsrechts, der Filmherstellungsbefugnis zu. Selbst wenn die herrschende Meinung annimmt, daß der Verbotsanspruch regelmäßig über das Nutzungsrecht hinausgehe, sofern dies als erforderlich erscheine, um die vertragliche Nutzung zu schützen[309], läßt sich doch nicht leugnen, daß beide Rechte in einer gewissen Relation

---

[305] Kleine, Anm. zum Urteil des BGH vom 2. 10. 1968 in GRUR 1969, 367 f.;
Möhring-Nicolini, Anm. 9 zu § 31;
Ulmer, § 67 I 1;
ders. in UFITA Bd. 26 (1958/II) S. 257 ff., 263;
BGHZ 9, 262 ff., 265;
BGH in GRUR 1955, 544 f. = UFITA Bd. 20 (1955/II) S. 346 ff.; GRUR 1957, 614 ff., 616 = UFITA Bd. 25 (1958/I) S. 94 ff.

[306] BGH in GRUR 1969, 364 ff., 366 = UFITA Bd. 54 (1969) S. 272 ff.;
Möhring-Nicolini, Anm. 5 a zu § 88 mit Einschränkungen.

[307] BGH a. a. O., S. 367;
a. M. Möhring-Nicolini, Anm. 4 zu § 95.

[308] Amtl. Begr. zu § 98 RegE, BTDrucks. IV/270, S. 98 f.

[309] S. o. Fn. 305.

zueinander stehen. Darauf weist im Verlagsrecht § 8 VerlG im Verhältnis zwischen Verfasser und Verleger ausdrücklich hin. Diese Wechselbeziehung folgt aus der Rechtsnatur des Verbotsrechts als eines dinglichen Unterlassungsanspruchs.

aa) Die dingliche Natur des Verbotsrechts

Das Verbotsrecht ist zumindest gegenüber Dritten, die sich eine Nutzungsbefugnis anmaßen, nicht vertraglicher, sondern dinglicher Natur. Bereits vor Erlaß des Urhebergesetzes war in Rechtsprechung und Schrifttum allgemein anerkannt, daß dingliche Unterlassungs- oder Abwehransprüche nicht nur vom Eigentümer, sondern in entsprechender Anwendung des § 1004 BGB auch von Inhabern sonstiger absoluter Rechte, insbesondere auch von Urheberrechtsträgern geltend gemacht werden konnten[310]. Ein derartiges Abwehrrecht ist nunmehr in § 97 UG geregelt[311]. Es gilt sowohl für die Inhaber des Vollrechts, die Urheber, als auch für die Erwerber abgeleiteter dinglicher Rechtspositionen[312]. § 97 Abs. 1 Satz 1 gewährt Unterlassungsansprüche nicht nur bei Beeinträchtigungen des Urheberrechts, sondern auch dann, wenn „ein anderes nach diesem Gesetz geschütztes Recht" widerrechtlich verletzt wird. Geschützte Rechte im Sinne dieser Vorschrift sind auch die Nutzungsrechte; nach § 31 Abs. 3 Satz 1 UG verleihen sie ihrem Inhaber die Befugnis, andere Personen von der Nutzung auszuschließen. Im Hinblick auf die Filmnutzungsrechte hat der Bundesgerichtshof schon vor Erlaß des Urheberrechtsgesetzes ausdrücklich erklärt, daß ein Verleiher, dem das Recht zur Nutzung eines Films – also eine abgeleitete Rechtsposition – eingeräumt worden sei, selbständig gegen jeden Dritten vorgehen könne, der die ihm übertragenen urheberrechtlichen Ausschließlichkeitsrechte verletze[313]. In diesem Zusammenhang spricht der Bundesgerichtshof mehrfach von einem „Abwehrrecht", ohne allerdings die damals analog herangezogene Bestimmung des § 1004 BGB unmittelbar zu erwähnen[314]. Ebenso ist im Schrifttum anerkannt, daß dem Film-

---

[310] Allfeld, KunstUG, Bem. zu § 36;
Wolff-Raiser, § 87 III;
Kohler, UG, 1907, S. 352 ff.;
Ulmer, § 89 I;
Voigtländer-Elster-Kleine, Anm. 1 zu §§ 36, 37;
RGZ 84, 146 ff.; 153, 1 ff., 27;
BGHZ 17, 266 ff., 291, 376 f., 383 = UFITA Bd. 20 (1955/II) S. 314 ff., 340 ff.

[311] von Gamm, UG, Rdn. 25 zu § 97.

[312] Möhring-Nicolini, Anm. 9 zu § 31, Anm. 3 a zu § 97.

[313] BGHZ 9, 262 ff., 264.

[314] BGHZ a. a. O., S. 265, 266.

hersteller als Erwerber eines ausschließlichen Nutzungsrechts eine dinglich wirkende Rechtsstellung eingeräumt wird, die ihm ein entsprechendes Unterlassungsrecht verleiht[315].

bb) Das Verbotsrecht als Folgerecht und negative Abgrenzung

Der dingliche Abwehranspruch ist seiner Natur nach ein Folgerecht der positiven dinglichen Rechtsposition. Er bildet gleichsam eine negative Abgrenzung, indem er nicht sagt, was der Inhaber mit seinem Recht tun darf, sondern nur das anordnet, was Dritte, die in seinen Rechtskreis geraten, zu unterlassen haben. Sein Schutz kann daher nur so weit gehen, als das positive Recht im einzelnen Falle beeinträchtigt und diese Beeinträchtigung von der Rechtsordnung mißbilligt wird. Ein Abwehrrecht scheidet folglich aus, wenn der dinglich Berechtigte zur Duldung verpflichtet ist, d. h. wenn der Störer ebenfalls eine dingliche Rechtsstellung innehat, die ihn zu der störenden Handlung berechtigt[316]. Dieser Gedanke, für das Sachenrecht in § 1004 Abs. 2 BGB ausgesprochen, kommt mittelbar auch in § 97 UG zum Ausdruck. Dort ist von einer widerrechtlichen Verletzung die Rede, also von einer Beeinträchtigung, zu welcher der Störer aus eigenem Recht nicht legitimiert ist.

cc) Folgerungen für das Filmherstellungsrecht

Wäre mithin das Filmherstellungsrecht aufspaltbar und könnte der Urheber des vorbestehenden Werkes dem einen die Kino- und einem anderen die Fernsehfilmherstellungsbefugnis übertragen, so wäre im Wettbewerbsfalle keiner in der Lage, sich gegen den anderen zu wehren, da jeder von beiden sich auf sein eigenes Recht berufen könnte. Dieses Ergebnis wäre jedoch mit der Vorstellung von Lehre und Rechtsprechung unvereinbar, nach welcher dem Filmproduzenten, der als erster die Filmherstellungsrechte erworben und ausgewertet hat, ein umfassendes Abwehr- oder Verbotsrecht zusteht[317]. Folgt man der herrschenden Meinung, so ist neben den Kinofilmrechten kein Raum mehr für die Vergabe von Fernsehnutzungsrechten und umgekehrt schließt der Erwerb der Fernsehfilmrechte den der Kinofilmrechte aus. Beide Herstellungsbefugnisse können nicht getrennt veräußert werden; das Filmherstellungsrecht ist mithin inhaltlich unteilbar und umfassend[318].

---

[315] von Gamm, Rdz. 11 zu § 31;
Möhring-Nicolini, Anm. 5, 9 zu § 31.
[316] Möhring-Nicolini, Anm. 4 b zu § 97.
[317] S. o. S. 148 ff.
[318] Fromm-Nordemann, Bem. 6 zu § 88.

III. Der Umfang der übrigen Filmnutzungsrechte

Erwirbt der Kinofilmproduzent ein umfassendes Filmherstellungsrecht, so ist damit noch keineswegs gesagt, daß er ein erlaubterweise hergestelltes, zusätzliches Fernsehfilmwerk auch vervielfältigen, verbreiten und durch Funk senden lassen kann. Zwar nehmen *Fromm-Nordemann* unter Hinweis auf den Wortlaut des § 88 Abs. 2 Satz 2 UG auch eine dahingehende Berechtigung des Produzenten an[319], jedoch steht die herrschende Meinung auf einem anderen Standpunkt[320]. Das Urheberrechtsgesetz scheint dem Kinofilmhersteller ein Senderecht für eine Fernsehfassung gleichfalls nicht zuzubilligen. § 88 Abs. 1 Nr. 3, 4 regelt zwar nur das alternative Recht des Produzenten zur Vorführung oder Sendung ein und desselben Films. Aus einem Schluß vom Mehr zum Weniger ergibt sich jedoch, daß nach dem Willen des Gesetzes dem Kinofilmproduzenten erst recht die Befugnis fehlen soll, neben der Vorführung eines Spielfilms in Filmtheatern einen eigens hergestellten Fernsehfilm oder ein selbständiges Fernsehspiel durch Funk ausstrahlen zu lassen.

Dieses Ergebnis entspricht der im Urheberrecht geltenden Zweckübertragungstheorie. Danach überträgt der Urheber im Zweifel keine weitergehenden Rechte, als es der Zweck der Verfügung erfordert; das Urheberrecht hat gleichsam die Tendenz, so weit wie möglich beim Urheber zurückzubleiben[321]. Gibt es innerhalb einer bestimmten Auswertung eines Werks mehrere nebeneinander liegende Nutzungsrechte, so erwirbt der Vertragspartner des Urhebers nur dasjenige, dessen er nach dem vertraglich vorausgesetzten Zweck bedarf. Voraussetzung für einen teilweisen Rechtsverbleib beim Urheber ist jedoch, daß das Nutzungsrecht, welches den Gegenstand eines Veräußerungsvertrages bildet, teilbar ist, oder – wie § 32 UG sagt – räumlich, zeitlich oder inhaltlich beschränkt eingeräumt werden kann. Scheiterte eine Anwendung der Zweckübertragungstheorie bei der Frage nach dem Umfang des übertragenden Filmherstellungsrechtes daran, daß dieses Recht unteilbar ist, so ist die Sachlage bei den übrigen Filmnutzungs-

---

[319] S. o. Fn. 304;
ferner Peter in UFITA Bd. 34 (1961/II) S. 141 ff.

[320] Berthold / von Hartlieb, S. 348 ff.;
Brugger in UFITA Bd. 33 (1961/I) S. 308 ff., 310, 318;
Bussmann in UFITA Bd. 29 (1959/III), S. 158 ff., 162, 165 f.;
BGH in GRUR 1969/364 ff., 366 = UFITA Bd. 54 (1969) S. 272 ff.;
KG, Urteil vom 8. 7. 1966 – 5. U. 548/66 –;
LG München I in FuR 1965, 94 f.

[321] Ulmer, § 66 II.

rechten völlig anders. Nach § 88 Abs. 1 Nr. 2 bis 5 UG gibt es kein einheitliches Filmauswertungsrecht; die Verwertung des hergestellten Filmwerks ist nach dem ausdrücklichen Willen des Gesetzgebers Gegenstand verschiedener Nutzungsrechte und damit einer Auslegung durch die Zweckübertragungstheorie zugänglich. Für den Fall, daß der Verfilmungsvertrag mit dem Urheber des vorbestehenden Werkes lediglich die Filmaufführung in Lichtspieltheatern vorsieht, sind sämtliche anderen Auswertungsrechte, gleichgültig ob sie den Kinofilm oder eine weitere Filmfassung betreffen, beim Autor verblieben.

IV. Änderungsvorschläge

Man gelangt zu einem werkwürdigen Ergebnis. Der Kinofilmproduzent ist durch den vertraglichen Erwerb des einheitlichen, umfassenden Filmherstellungsrechts befugt, neben dem Kinofilm eine selbständige Fernsehfassung herzustellen, ohne jedoch rechtlich in der Lage zu sein, das zusätzliche Fernsehwerk senden zu lassen. Der Urheber des vorbestehenden Werkes ist zwar Inhaber dieser Senderechte geblieben, hat aber infolge der Veräußerung des umfassenden Filmherstellungsrechts zehn Jahre lang nicht mehr die Möglichkeit, über das Recht zur Herstellung eines Fernsehfilmwerks zu verfügen. Entsprechendes gilt bei primärer Vergabe der Filmnutzungsrechte an ein Fernsehunternehmen.

Nach geltendem Recht ist keiner Seite gedient; die Auswertung der jeweiligen anderen Filmart ist zehn Jahre lang gleichsam eingefroren. Es gilt daher eine Regelung zu finden, welche die berechtigten wirtschaftlichen Interessen der Beteiligten angemessen berücksichtigt. Dabei können an dieser Stelle wegen des Umfanges des Fragenkomplexes nur einige Gesichtspunkte dargelegt werden. Zwei Möglichkeiten bieten sich an:

1. Gattungsmäßige Unterscheidung in Film- und Fernsehwerk und getrennte Veräußerung entsprechender Nutzungsrechte

Durch eine gesetzliche Neuregelung könnte, wie bereits *Brugger* vorgeschlagen hat[322], in Film- und in Fernsehwerke mit der Rechtsfolge unterschieden werden, daß entsprechend der herrschenden Zweckübertragungstheorie trotz Veräußerung des Filmherstellungsrechts die Befugnis zur Herstellung eines Fernsehwerks und dessen Auswertung im Zweifel bei dem Urheber des vorbestehenden Werkes verbliebe.

---

[322] Brugger in UFITA Bd. 33 (1961/I), S. 308 ff., 310 f.

a) Besserstellung des Autors

Für eine solche Gesetzesänderung spräche der Grundsatz der Rechtsprechung, den Schöpfer eines Geisteswerkes tunlichst angemessen an den wirtschaftlichen Früchten zu beteiligen, die aus seinem Werk gezogen werden können[323]. Tatsächlich erhielte der Urheber in diesem Fall die Gelegenheit, sein vorbestehendes Werk im wirtschaftlichen Sinne bestmöglich auszuwerten.

b) Nachteile des Filmherstellers

Gegen eine derartige gesetzliche Neuregelung wäre nicht nur einzuwenden, daß der einheitliche Filmbegriff, der nicht mehr zwischen Kino- und Fernsehdarstellungen unterscheidet und der inzwischen Eingang in die RBÜ (Stockholm) gefunden hat, aufgegeben werden müßte. Die Folge wäre zugleich, daß Bestand und Erfolg der Kinofilmwerke ernsthaft gefährdet würden. Spielfilme unterscheiden sich von anderen Werken durch die besonders hohen Herstellungskosten. Für den Produzenten ist das Kostenrisiko nur tragbar, wenn die ungehinderte Auswertung des Kinospielfilms sichergestellt ist[324]. Das Einspielen der Herstellungskosten könnte jedoch erheblich gefährdet werden, falls neben dem Kinofilmhersteller ein Fernsehunternehmen noch einmal entsprechende Nutzungsrechte erwerben und einen Fernsehfilm unter Verwendung des gleichen vorbestehenden Werkes produzieren und senden lassen könnte[325]. Kino und Fernsehen stehen in schärfstem Wettbewerb zueinander[326]. Die Mehrzahl der Bevölkerung begeistert sich stärker für die dargestellte Filmgeschichte, weniger für die Darstellungsart. Hat die Fernsehsendung mit ihrem unvergleichbar größeren Wirkungsfeld das Publikum erst erreicht, so sind seine Erwartungen und seine Neugierde mit dem Erlebnis der Fernsehfassung weitgehend zufriedengestellt. Es erlahmt das Interesse, sich noch einen Kinofilm über das bereits dargestellte literarische Werk anzusehen. Bei dieser Sachlage erscheint es fraglich, ob der Produzent die Gefährdung seines Kinofilms hinzunehmen hat, nur damit dem Urheber des vorbestehenden Werkes eine weitestgehende Nutzung ermöglicht werden kann.

---

[323] BGHZ 11, 135 ff., 143 = UFITA Bd. 18 (1954) S. 214;
BGHZ 13, 115 ff., 118 = UFITA Bd. 18 (1954) S. 206;
BGHZ 17, 266 ff.; 282 = UFITA Bd. 20 (1955/II) S. 314.

[324] Amtl. Begr., BTDrucks IV/270, S. 35;
Hubmann in InterGU Bd. 26, S. 22.

[325] Heinker in FuR 1966, 98 ff., 103.

[326] Degand in FuR 1966, 170 ff.;
Adam in FuR 1967, 51 ff.

c) Die Belange der Allgemeinheit

Außerhalb des Interessenkonfliktes der am Rechtsverkehr beteiligten Privatpersonen dürfen die Belange der Allgemeinheit nicht übergangen werden. Der anspruchsvollere Kinofilm wird allgemein als ein Kulturgut angesehen, an dessen Erhaltung die Gemeinschaft interessiert ist. Neben dem Fernsehen übt er auch heute noch einen starken Einfluß auf die Bevölkerung aus. Als Kunstwerk, das für den Massenkonsum bestimmt ist, formt er die ästhetischen, moralischen und gesellschaftlichen Vorstellungen des Publikums[327]. Im Ausland wird die Filmproduktion über das zeit- und ortsbedingte Thema hinaus als Selbstdarstellung des eigenen Volkes empfunden. Nicht selten sind die Filmwerke wirksame Übermittler von Leitbildern im Sinne des gegenseitigen Verstehens und der übernationalen Verständigung[328]. Dabei besitzt der Kinofilm Einwirkungsmöglichkeiten, die dem Fernsehen zumindest in dieser Intensität nicht gegeben sind. Der Eindruck, den ein abendfüllendes Filmwerk in Großformat bei einer in einem Raum versammelten Gemeinschaft von Zuschauern hervorruft, wird von einem Fernsehspielfilm in aller Regel nicht erreicht. Darüber hinaus kann der Kinofilm in seinem Themenkreis vielfältiger und spezieller sein als eine Fernsehaufführung. Das Filmtheater muß man aufsuchen, während die Fernsehsendung zu jedermann ins Haus kommt. Der Kinofilm kann sich an diejenigen wenden, die wirklich interessiert sind; das Fernsehen muß etwas bieten, das nicht nur für eine interessierte Minderheit, sondern für alle geeignet ist.

Steht aber der Kinofilm zu dem weit überlegenen Fernsehen in einem verschärften Konkurrenzkampf, und ist der Gemeinschaft am Fortbestand des Kinofilms als eines Kulturgutes gelegen, so gilt es, eine Regelung zu finden, die nicht nur die privaten Interessen der Beteiligten in gerechter Weise ordnet, sondern auch die höherwertigen Belange der Allgemeinheit gebührend berücksichtigt. Dabei kann es durchaus empfehlenswert sein, die Rechte des Autors zur Vergabe zusätzlicher Fernsehfilmrechte einzuschränken, um eine konkurrierende Doppelnutzung durch Film und Fernsehen zu verhindern.

Allerdings setzt die damit verbundene Einschränkung der Urheberbefugnisse voraus, daß der Kinofilm grundsätzlich als ein Kulturgut anzusehen ist, dessen höherwertiges Interesse einen solchen Eingriff recht-

---

[327] Dadek, Filmwirtschaft, S. 183;
Görger, 1961, S. 4;
Iros, S. 30.

[328] Görgen a. a. O.

fertigt. Die Tatsache allein, daß ein Kinofilm ein Werk im Sinne des Urhebergesetzes ist, macht ihn noch nicht zu einem Kulturgut. Zwar verlangt die herrschende Meinung vom Werk noch einen ästhetischen Überschuß[328a], jedoch bahnt sich, wie bereits im Zusammenhang mit dem Regiebuch ausgeführt wurde, eine Vorstellung an, die auf sämtliche künstlerischen Qualitätsanforderungen als Merkmale des Werkbegriffes verzichtet[328b]. Trifft es zu, daß der Werkbegriff nicht von einer persönlichen Prägung durch den Urheber abhängig ist, daß Werke der Gegenwart, die ebenso wie herkömmliche Kunsterzeugnisse am Rechtsverkehr teilnehmen, oft das Ergebnis eines Experiments oder des Zufalls sind, daß also Kriterium eines Werkes lediglich seine Singularität, seine Individualität im statistischen Sinne sein kann, dann genügt die Werkeigenschaft des Kinofilms allein nicht, um ihn grundsätzlich zu einem Kulturgut zu deklarieren.

Andererseits reicht aber ein gewisser Anteil künstlerisch und kulturell wertvoller Filme aus, um den Kinofilm allgemein als Kulturgut anzuerkennen. Ihretwegen ist es gerechtfertigt, die Vielzahl unbedeutender Kinofilmerzeugnisse in Kauf zu nehmen, um durch eine generelle Maßnahme gerade sie zu erreichen, zu fördern und gegebenenfalls zu erhalten.

Bei der Lösung eines Interessenkonfliktes zwischen dem Autor eines vorbestehenden Werkes und dem Kinofilmproduzenten sollte daher ein Ergebnis erzielt werden, das auch das öffentliche Interesse an einer Förderung von Spielfilmen gebührend berücksichtigt. Gegebenenfalls müßte sich daher der Urheber vorbestehender Werke einer Einschränkung bei der Vergabe seiner Nutzungsrechte gefallen lassen.

2. Umfassende Filmnutzungsrechte des Herstellers und Beteiligung des Autors

Die andere Möglichkeit zur Lösung des Interessenkonflikts läge darin, dem Produzenten im Zweifel mit dem Recht zur Verfilmung eine umfassende Rechtsstellung einzuräumen und dem Urheber des vorbestehenden Werkes im Falle einer zusätzlichen Fernsehfilmnutzung wirtschaft-

---

[328a] Ulmer, S. 128;
Hubmann, S. 84 ff.;
BGHZ 16, 4 ff., 6 = UFITA Bd. 20 (1955/II) S. 122 ff.;
BGHZ 22, 209 ff., 214 = UFITA Bd. 57 (1970) S. 291 ff.;
BGHZ 24, 55 ff., 64 = UFITA Bd. 24 (1957/II) S. 226 ff.;
BGHZ 27, 351 ff., 356 = UFITA Bd. 26 (1958/II) S. 235 ff.

[328b] S. o. S. 27.

lich angemessen zu beteiligen. Zwar ist auch hier der Wettbewerb zwischen Kino und Fernsehen nicht ausgeschaltet, wenn der Produzent von seinem Film- und seinem Fernsehauswertungsrecht Gebrauch macht. Dennoch wird der Produzent, der einen größtmöglichen wirtschaftlichen Erfolg beider Nutzungen anstrebt, eine schädliche Konkurrenz nach Möglichkeit vermeiden. Wenn er beide Nutzungsrechte in der Hand hält, wird er am ehesten dazu in der Lage sein. Es liegt in der Natur der Sache, daß er, der einen maximalen Gewinn erreichen will, sich am besten überlegen wird, ob und zu welchem Zeitpunkt er die eine oder andere Nutzung zieht. Zahlt er dem Urheber zunächst nur das Entgelt für die Kinofilmnutzung, wird er sich u. U. gar nicht genötigt sehen, auch einen Fernsehfilm herzustellen und zu vertreiben.

a) Die Mängel der Zweckübertragungstheorie

Allerdings scheint eine globale Filmrechtsübertragung kraft Gesetzes auf den Produzenten der herrschenden Zweckübertragungstheorie und dem erklärten Ziel des Urheberrechtsgesetzes zuwiderzulaufen, eine Ausbeutung der Urheber vorbestehender Werke zu verhindern[329]. Die Bedeutung der Zweckübertragungstheorie wird jedoch oft überschätzt. § 88 Abs. 1, 2 UG enthält ebenso wie § 31 Abs. 5 UG kein zwingendes, sondern lediglich abdingbares Recht. Nur wenn die Parteien keine bestimmten vertraglichen Abmachungen getroffen haben, hat das Urheberrecht die Tendenz, so weit als nach dem vertraglichen Zweck möglich bei dem Urheber zurückzubleiben. Absicht des Gesetzes ist offenbar, den Urheber vor Verfügungen über solche Rechte zu schützen, die ihm zum Zeitpunkt der Veräußerung nicht bekannt sind. Die Hauptgefahr einer Benachteiligung des Urhebers liegt aber weniger in seiner mangelnden Kenntnis von den einzelnen Auswertungsmöglichkeiten als vielmehr in seiner wirtschaftlich unterlegenen Stellung. Nicht selten wird er, um wenigstens die Gelegenheit einer Veröffentlichung zu erhalten, sehenden Auges für ihn ungünstige Vertragsbestimmungen billigen, die das eingeräumte Recht genauestens bezeichnen und damit wirksam sind. Vor solchen Benachteiligungen schützt die Zweckübertragungstheorie, die vertragliche Abreden jeder Art gestattet, gerade nicht.

Das gilt insbesondere im Filmgeschäft gegenüber den allmächtigen Produktionsunternehmen. Für die Autoren vorbestehender Werke sind in aller Regel feststehende Formularverträge vorgesehen, in denen sie ihre Filmnutzungsrechte global abtreten. Es handelt sich meistens um die von der Spitzenorganisation der Filmwirtschaft herausgegebenen

[329] BTProt. Nr. 129, S. 45.

Vertragsmuster „Weltverfilmung“ und „Allgemeine Bedingungen für den Erwerb des Weltverfilmungsrechts an einem bereits erschienenen Werk des Schrifttums und der Rechte an einem noch unveröffentlichten Filmstoff“[330]. Bei schon erschienenen Werken wird das ausschließliche Recht zur mehrmaligen filmischen Benutzung übertragen; der Rechtsübergang erstreckt sich auf alle jetzigen und zukünftigen Arten, Systeme und Verfahren der Kinematographie und deren Möglichkeiten einer Auswertung des Films und seiner Teile. Eingeschlossen ist auch das Recht zur Übertragung durch Draht, Rundfunk und Television[331]. Unter Film im Sinne der „Allgemeinen Bedingungen“ ist jede filmische Gestaltungsform des zugrundeliegenden Werkes zu verstehen[332]. Bei noch unveröffentlichten Werken erwirbt der Produzent überhaupt alle – auch für die Verfilmung unwesentlichen – bestehenden und künftig dem Verfasser noch erwachsenden und ausschließlichen Rechte an der Schöpfung.

b) Die Vorzüge eines gesetzlichen Beteiligungsanspruchs des Autors

Gewährt die Zweckübertragungstheorie infolge der Möglichkeit einer vertraglichen Umgebung dem Autor nur einen unvollkommenen Schutz, so wird die Forderung der Rechtsprechung, den Schöpfer eines Geisteswerkes tunlichst angemessen an den wirtschaftlichen Früchten seiner Schöpfung zu beteiligen[333], gerade nicht erfüllt. Den wirtschaftlichen Interessen des Urhebers wäre weit eher gedient, wenn zwar der Produzent kraft Gesetzes ein umfassendes, einheitliches Filmnutzungsrecht erwirbt, jedoch dem Urheber gegenüber zu einer angemessenen Beteiligung verpflichtet ist. Auf diese Weise würde der oft kaufmännisch weniger erfahrene Autor an den wirtschaftlichen Erfolgen des versierten und auf Gewinn bedachten Filmunternehmens partizipieren. Dem Urheberrechtsgesetz ist eine solche Beteiligung des Urhebers vorbestehender Werke an den Erträgnissen des Filmwerks nicht unbekannt. Aus einem Umkehrschluß zu § 90 UG ergibt sich, daß die Beteiligungsvorschrift des § 36 UG auch im Verhältnis Autor–Filmhersteller gilt[334]. Allerdings geht § 36 von dem Ausnahmefall eines groben Mißverhältnisses aus[335], während nach der hier vorgeschlagenen Lösung

---

[330] veröffentlicht in Filmhandbuch Gruppe 9/A 4.
[331] „Allgemeine Bedingungen“ II A 5, Filmhandbuch a. a. O., S. 250 b.
[332] „Allgemeine Bedingungen“ IV, Filmhandbuch a. a. O., S. 250 d.
[333] S. o. Fn. 323.
[334] von Gamm, UG, Rdz., 4 zu § 36.
[335] Fromm-Nordemann, Anm. 4 zu § 36;
von Gamm, UG, Rdz. 3 zu § 36;
Möhring-Nicolini, Anm. 1 b zu § 36.

der Autor allgemein an den Erträgnissen eines zusätzlichen Fernsehwerks beteiligt werden soll. Gedacht ist an eine Regelung, wie sie dem Grunde nach in Artikel 35 des französischen Urhebergesetzes vom 11. 3. 1957[336] besteht und wie sie § 31 des Ministerialentwurfes und § 36 des Regierungsentwurfes vorsehen. Die Bedenken, welche die Schöpfer des Urheberrechtsgesetzes veranlaßten, von diesem Rechtsgedanken Abstand zu nehmen[337], können hier kaum durchgreifen. Der Grundsatz „pacta sunt servanda" und das Prinzip der Vertragsfreiheit (Freiheit der inhaltlichen Gestaltung) werden nicht, zumindest nicht wesentlich, beeinträchtigt. Der Produzent, der sich zu einer zusätzlichen Fernsehverfilmung neben dem bereits bestehenden Kinofilm entschließt, betreibt gleichsam den zweiten Teil der vertraglichen Auswertung, für den er noch kein Entgelt gezahlt hat. Der bisherige Verfilmungsvertrag bleibt, was Leistung und Gegenleistung angeht, im vollen Umfang erhalten; der Produzent macht von seinen wohlerworbenen Rechten lediglich einen weitergehenden, allerdings vergütungspflichtigen Gebrauch. Man könnte auch von einem stufenförmig aufgebauten, bedingten Vertrag sprechen, bei dem die Verwirklichung der zweiten Auswertungsform ein bestimmtes oder zumindest bestimmbares zusätzliches Entgelt selbständig auslöst.

c) Bewertungsmöglichkeiten für den Beteiligungsanspruch

Schwierig wäre bei der hier vorgeschlagenen Neuregelung nur die Frage, nach welchen Bewertungsmaßstäben eine angemessene Beteiligung des Autors bestimmt werden soll. Ausgangspunkt wird zunächst das in dem vorangehenden Verfilmungsvertrag vereinbarte Autorenhonorar sein. Dieses könnte mangels anderer Kriterien mit dem finanziellen Einspielergebnis des Kinofilms und dem Erlös für den zusätzlichen Fernsehfilm in ein Verhältnis gesetzt werden. Steht das Einspielergebnis oder ein vorläufiges Resultat noch nicht fest, ist es noch nicht vorauszusehen oder liegt es noch unter den Herstellungskosten, ist der geldliche Aufwand für die Filmproduktion ersatzweise heranzuziehen. Weitere Komponenten für eine angemessene Entlohnung des Urhebers vorbestehender Werke sind die gesamten wirtschaftlichen Beziehungen der Vertragspartner, sowohl die vereinbarte Gegenleistung aus weiteren Verfilmungsverträgen als auch freiwillige Nachzahlungen des Produzenten für die Filmnutzung eines anderen Werkes des Urhebers[338].

---

[336] abgedruckt und übersetzt in Möhring-Schulze-Ulmer-Zweigert, Frankreich/II,
[337] Möhring-Nicolini, Anm. 1 a zu § 36.
[338] Möhring-Nicolini, Anm. 3 a zu § 36 UG.

d) Vergleich mit dem geltenden Recht

Vergleicht man abschließend die hier vorgeschlagene Lösung mit der Regelung des geltenden Rechts, so wird deutlich, daß die erstere zwar stärker in das Verwertungsrecht des Urhebers eingreift, ihn dafür aber auch angemessen, ja vorteilhaft an der zusätzlichen Nutzung des Produzenten beteiligt.

Das geltende Recht verhindert, soweit nichts Abweichendes vereinbart worden ist, innerhalb der Zehnjahresfrist jede Auswertung eines selbständigen Fernsehfilms neben dem Kinofilm und führt damit zu Benachteiligungen des Urhebers in Form eines entgangenen Gewinns. Viele literarische Vorlagen, Schlager oder sonstige vorbestehende Werke unterliegen dem Zeitgeschmack und stehen nur kurze Zeit in der Gunst des Publikums. Werden sie nicht rechtzeitig voll ausgewertet, verlieren sie an Bedeutung. Manches Werk ist nach zehn Jahren unmodern geworden oder auf eine andere Weise nicht mehr zeitgemäß und daher für eine Fernsehnutzung nicht mehr geeignet.

Im Gegensatz zum geltenden Recht hat bei der hier vorgeschlagenen Regelung der Autor zumindest die Aussicht, daß der Kinofilmhersteller sein vorbestehendes Werk zusätzlich nutzt, ihn an dem wirtschaftlichen Erfolg teilhaben läßt und ihm darüber hinaus ein weiteres Publikum erschließt, ein Vorteil, der angesichts seines ideellen Interesses an einer möglichst weiten Verbreitung seines Werkes in einem Massenmedium nicht unterschätzt werden darf.

Stellt der Produzent neben dem Kinospielfilm keine weitere Fernsehfassung her, ist der Autor des vorbestehenden Werkes nicht schlechter gestellt, als er nach geltendem Recht stehen würde. Nach Ablauf der Zehnjahresfrist kann er im Zweifel über sein gesamtes Verfilmungsrecht neu verfügen. Vor die Wahl gestellt, ob die Fernsehfilmrechte des vorbestehenden Werks zehn Jahre lang ungenutzt beim Autor verbleiben oder in der Hand des Produzenten neben den Kinofilmrechten einer gewinnbringenden Fernsehfilmnutzung zugeführt werden sollen, werden daher beide Vertragsparteien die letztere Möglichkeit für die wirtschaftlich sinnvollere halten.

Ergebnis

Faßt man das Ergebnis der vorangehenden Erörterung in einigen Sätzen zusammen, so gelangt man zu folgenden Feststellungen:

1. Das Filmwerk ist ein Gesamtwerk, dessen Elemente nicht willkürlich voneinander getrennt werden können. Es geht aus dem Drehbuch als Gestaltungsplan hervor und erlangt durch die ausformende Tätigkeit des Regisseurs und die intensivierenden Nebenschöpfungen der übrigen Beteiligten seine endgültige Gestalt.

2. Wird ein vorbestehendes Werk, insbesondere ein Schriftwerk verfilmt, so kann der vom Exposé über das Treatment und das Drehbuch bis zum fertigen Film reichende Arbeitsvorgang nicht mehr als Bearbeitung im Sinne des § 23 UG bezeichnet werden. Mangels eines übergeordneten urheberrechtlichen Begriffes und mit Rücksicht auf die Besonderheiten dieser Nachschöpfung hat es bei dem Begriff der Verfilmung zu verbleiben. Dieser läßt sich entsprechend dem Grad seiner Abhängigkeit von dem vorbestehenden Werk in die Kette urheberrechtlicher Nutzungen wie folgt einreihen: vorbestehendes Werk – Vervielfältigung – Bearbeitung – Verfilmung – freie Benutzung.

3. Es gibt ein Verfilmungsrecht, auch wenn es im UrhG nicht ausdrücklich genannt ist. Dieses Recht ist ein Verwertungsrecht des Urhebers vorbestehender Werke, aus ihm kann der Urheber Dritten die Filmnutzungsrechte des § 88 Abs. 1 UrhG einräumen.

4. Innerhalb der Filmnutzungsrechte umfaßt der Begriff des Filmherstellungsrechts die Befugnis zur Herstellung sowohl eines Kino- als auch eines Fernsehfilmwerks; das Filmherstellungsrecht ist umfassend und unteilbar. Die übrigen Filmnutzungsrechte, die Auswertungsrechte, werden dagegen nach geltendem Recht im Zweifel nur alternativ für die Kino- oder die Fernsehdarstellung erworben.

5. Eine solche Regelung des geltenden Rechts widerspricht der allseitigen Interessenlage. De lege ferenda wäre zu überlegen, ob man nicht besser dem Filmproduzenten eine umfassende Auswertungsbefugnis und dem Urheber des vorbestehenden Werkes zum Ausgleich dafür einen Anspruch auf eine angemessene Beteiligung an der weitergehenden Nutzung zuerkennen sollte.

Dieses Resultat mag einer weiteren Auseinandersetzung über eine vollständige Einbeziehung des Filmrechts in das allgemeine Urheberrecht dienen. Ein solches Ziel ist nicht so nebensächlich, wie es auf den ersten Blick scheinen mag. Noch ist die Bedeutung des Filmwerks, sei es im Kino oder im Fernsehen, nicht voll sichtbar geworden. Zwar hat der Film bereits den Charakter des Unseriösen verloren, der ihm zu Beginn anhaftete; er ist zu einem gleichwertigen Kunstwerk neben den literarischen Werken herangereift. Sollte es aber auch nur halbwegs zutreffen, daß eine Epoche der visuellen Kultur begonnen hat und „das schreibende und lesende Zeitalter sich seinem Ende zuneigt" *(Franz Schnabel)*, so wird dem Film und der Verfilmung vorbestehender Sprachwerke ein gehöriger Anteil daran zukommen, der seine Wirkung auf die künftige Urhebergesetzgebung nicht verfehlen wird.

FSC
www.fsc.org
MIX
Papier | Fördert gute Waldnutzung
FSC® C083411

Kolibri 360 GmbH
Ferdinand-Jühlke-Straße 7
99095 Erfurt, Deutschland
produktsicherheit@kolibri360.de